中国高端装备制造业突破式技术创新的影响机理与路径优化研究

Research on the Impact Mechanism and Path Optimization of Breakthrough Technology Innovation in China's High-end Equipment Manufacturing Industry

李伟庆 著

中国财经出版传媒集团
经济科学出版社
Economic Science Press

图书在版编目（CIP）数据

中国高端装备制造业突破式技术创新的影响机理与路径优化研究/李伟庆著．—北京：经济科学出版社，2020.5

ISBN 978-7-5218-1462-0

Ⅰ.①中… Ⅱ.①李… Ⅲ.①制造工业-技术革新-影响因素-研究-中国 Ⅳ.①F426.4

中国版本图书馆CIP数据核字（2020）第056609号

责任编辑：杨　洋
责任校对：王肖楠
责任印制：范　艳

中国高端装备制造业突破式技术创新的影响机理与路径优化研究

李伟庆　著

经济科学出版社出版、发行　新华书店经销

社址：北京市海淀区阜成路甲28号　邮编：100142

总编部电话：010-88191217　发行部电话：010-88191522

网址：www.esp.com.cn

电子邮箱：esp@esp.com.cn

天猫网店：经济科学出版社旗舰店

网址：http://jjkxcbs.tmall.com

北京季蜂印刷有限公司印装

710×1000　16开　12.25印张　200000字

2020年5月第1版　2020年5月第1次印刷

ISBN 978-7-5218-1462-0　定价：49.00元

（图书出现印装问题，本社负责调换。电话：010-88191510）

前　言

高端装备制造业是中国七大战略性新兴产业之一，是国家综合实力的集中体现，也是实现产业升级和经济转型的关键环节。近年来中国高端装备制造业总体发展迅速，高端装备制造业积极参与国际分工，但高端装备制造业核心技术数量储备不足。与制造业强国相比，中国高端装备制造业自主创新相对较弱，核心装备的关键技术对外依赖程度大，这一切都要求中国高端装备制造业加快突破式技术创新。为应对新一轮科技革命和产业变革、抢占未来竞争制高点，《中国制造2025》提出，提升高端装备制造业自主创新能力和国际竞争能力是中国实现制造强国的必由之路，实现高端装备制造业关键技术的突破式创新是推动中国制造业升级和经济转型的关键。因此，开展中国高端装备制造业突破式技术创新的影响机理与路径优化研究，无疑具有重要的理论意义和现实意义。

本书在梳理相关研究文献的基础上，首先，从理论上分析高端装备制造业突破式技术创新的影响机制。主要厘清突破式技术创新概念类型、内涵特征和动因模式，阐明高端装备制造业突破式技术创新的影响因素，重点分析企业知识学习吸收、技术研究开发、技术商业化和创新资源投入等因素对高端装备制造业突破式技术创新的影响机理，通过构建理论模型诠释这些关键因素影响高端装备制造业突破式技术创新的内在机制，构建高端装备制造业突破式技术创新影响机制的新理论分析框架。

其次，在理论分析的基础上，分析中国高端装备制造业整体发展现状和行业发展现状，阐述中国高端装备制造业自主研发的现状。同时通过构建国际竞争力评价指标体系，从整体和行业细分的角度比较中国与美国、德国、日本高端装备制造业的国际竞争力，分析其中的差距，从根源上为提出高端装备制造业突破式技术创新的路径与政策提供实践依据。在此基础上，进一步运用计量模型分析法、协整回归分析法和广义矩估计法分别检验创新投入、技术商业化、知识学习吸收、自主研发等关键因素对中国高端装备制造业突破式技术创新的影响程度。实证研究表明：在样本期间，研发资金和研发人员投入对中国高端装备制造业突破式技术创新具有显著地促进作用，技术商业化和知识学习吸收对企业突破式技术创新均产生显著的正向影响，自主研发对突破式技术创新具有显著的正向作用。

再次，在理论研究与实证分析的基础上，本书从企业微观、产业中观和政策宏观三个层面探寻实现高端装备制造业突破式技术创新的最优路径。研究表明高端装备制造业突破式技术创新的微观路径是企业自主研发原始创新和“引进吸收再创新”，中观路径是基于供应链、战略联盟和创新平台的产业集群突破式技术创新，宏观路径是创新技术市场化、协同研发的机制创新和政策创新等。

进一步地，本书在借鉴国际经验的基础上，提出了推动中国高端装备制造业突破式技术创新的政策建议。主要从创新政策、技术政策、财税政策、公共服务平台政策和人才政策等方面提出具体的政策建议，完善高端装备制造业技术创新链，推动高端装备制造企业自主创新，为政府、产业组织和企业提供可靠的理论支撑和实践指导，从而服务于制造强国建设。

最后，本书受国家社科基金后期资助项目、浙江省软科学项目和浙江省高校重大人文社科项目攻关计划的资助，感谢各位评审专家对本书撰写所提出的宝贵修改意见，感谢经济科学出版社给予本书出版所付出的辛勤劳动与帮助。

李伟庆

浙江外国语学院

2020 年 5 月

目　　录

第一章　绪　论

第一节　研究背景和意义

一、研究背景

高端装备制造业是中国七大战略性新兴产业之一，是国家综合实力的集中体现，也是推动国家技术进步和经济增长的重要动力和实现制造业转型升级的关键环节。近年来中国高端装备制造业发展迅速，2018 年中国高端装备制造业销售收入超过 13 万亿元，高端装备制造业进出口额逐步增长，制造企业积极参与国际竞争，并成为全球产业国际分工体系的重要组成部分。尽管中国高端装备制造业总体发展迅速，积极参与国际产业分工，但高端装备制造业核心技术数量储备不足。与制造业强国相比，中国高端装备制造业自主创新相对较弱，核心装备的关键技术对外依赖程度大，很多核心装备关键技术和系统软件依赖进口。这说明中国高端装备制造业必须加快核心技术的突破式创新，加快由“中国制造”向“中国智造”的转变。因此，加快高端装备制造业突破式技术创新在当前尤为紧迫。

在中国经济发展新常态下，加快高端装备制造业突破式技术创新有助于推动中国制造业转型升级。《中国制造 2025》指出，加快中国高端装备制造业转型升级，重点是在智能制造装备、航空装备及卫星应用、轨道交通装备和海洋工程装备等领域，加快装备关键核心技术的突破；积极以数字化和智能化制造为主线，加快提升高端装备制造业产品的自主研发水平，提高高端装备制造业系统集成能力，加快完善高端装备制造业的技术创新体系。“工业 4.0”则强调，制造业核心技术领域主要体现在新一代信息技术、大数据分析与应用技术、云计算技术、增材制造技术、3D 打印技术、信息物理系统（CPS）技术、增强现实（HMI）技术和机器人等领域的技术。

为应对新一轮世界技术革命、抢占未来制造业竞争的制高点，《智能制造发展规划（2016—2020）》也要求，实现制造强国必须提升中国高端装备制造业自主创新能力，在一些关键核心技术领域取得突破，提高高端装备制造业国际竞争力。因而，如何加快高端装备制造业突破式技术创新成为推动中国制造业升级和经济转型的关键，成为全面提升中国高端装备制造业核心竞争力并实现制造强国的核心。然而，在这方面，现有研究没有给出完整的答案和有效可行的实施方案，这是本书的主要出发点和研究空间。

二、研究意义

基于上述背景，开展中国高端装备制造业核心技术突破的机理与路径研究，无疑具有重要的理论意义和现实意义。

第一，丰富中国高端装备制造业转型升级的相关理论，继承吸收与创新拓展制造业转型升级的相关研究。从发展中国家的视角剖析了中国高端装备制造业突破式技术创新的发展规律和演化趋势，揭示高端装备制造业突破式技术创新的内在机制，开拓了应用经济学和技术管理学交叉领域的新研究；从企业创新绩效和竞争力评价的视角，构建高端装备制造业国际竞争力和突破式技术创新的评价指标体系，丰富了产业竞争力评价体系及指标体系库，完善了产业技术创新的评价方法。这些弥补了中国高端装备制造业研究偏重理论、缺乏系统研究的不足，也进一步丰富与完善了制造业转型升级的相关理论，对推进中国高端装备制造业转型升级具有较高的学术价值，对实现制造强国具有较好的理论指导意义。

第二，为政府部门制定相关产业政策提供决策依据，也为企业技术突破创新提供有效解决方案。在当前推进中国供给侧结构性改革的过程中，高端装备制造业发展迫切需要将各种创新要素从无效需求向有效需求配置、从低端领域向中高端领域配置，提高创新资源配置效率，加快高端装备制造业突破式技术创新，推动制造业转型升级。本书从理论和实证两个方面对中国高端装备制造业突破式技术创新进行研究，根据中国高端装备制造业的现状，提出产业突破式技术创新的优化路径和政策举措，为政府相关部门制定产业突破式技术创新政策、加快供给侧结构性改革、推进高端装备制造业转型升级提供理论依据，具有明显的政策和社会应用价值；也为高端装备制造企业加快突破式技术创新，提升核心竞争力提供有效的解决方案，具有较强的现实意义和经济应用价值。

第二节 研究目的和研究内容

一、研究目的

本书以中国实施“创新驱动战略”为大背景，通过阐述中国高端装备制造业突破式技术创新的基本理论，应用产业结构升级、国家竞争优势和技术创新演进等理论，分析高端装备制造业突破式技术创新机制，构建高端装备制造业突破式技术创新评价指标体系；在对比、总结中国高端装备制造业与美国、德国、日本等发达国家同类产业在实施状况、政策支持和研究领域差异基础上，探究实现中国制造业突破式技术创新的关键路径，并对其发展策略进行研究论证。研究目的可细分为三个：

（1）构建高端装备制造业突破式技术创新的影响机理和路径优化的新理论分析框架。本书在分别厘清高端装备制造业和突破式技术创新的内涵及范围的基础上，尝试建立一个统一的分析框架，将创新要素与高端装备制造业突破式技术创新问题串联起来分析，并深入揭示创新要素对高端装备制造业突破式技术创新的影响机理，探究引致高端装备制造业突破式技术创新的内在机制，也为正确理解中国制造业转型与产业结构优化问题提供一个全新的解释视角。

（2）定量刻画创新要素对中国高端装备制造业突破式技术创新的影响效应。深入挖掘突破式技术创新的演化规律，构建突破式技术创新的评价指标体系；运用前沿计量经济学分析方法，实证检验不同创新要素（自主研发、人力资本、研发资本、学习吸收）对高端装备制造业突破式技术创新的影响效应，检验中国高端装备制造业突破式技术创新的内生机制及其影响的主次程度，验证自主研发对高端装备制造业突破式技术创新影响的地区差异性，进而为寻求中国高端装备制造业突破式技术创新的内生动力提供政策选择的实证支撑。

（3）提出高端装备制造业突破式技术创新的最优路径和有效政策措施。系统分析引致高端装备制造业突破式技术创新和企业核心技术能力形成的原始创新机制、引进消化再创新机制、知识学习吸收机制、创新投入机制和技术商业化机制等，进而提炼出高端装备制造业突破式技术创新的最优路径和政策体系，为中国高端装备制造业突破式技术创新提供重要的理论支撑和有效实施方案。

二、研究内容

本书以中国高端装备制造业突破式技术创新影响机制为核心，以“中国高端装备制造业突破式技术创新实现路径和政策体系研究”为重点。在厘清高端装备制造业和突破式技术创新内涵的基础上，本书拟从中国高端装备制造业关键核心技术缺失的现实出发，结合理论分析与实证研究相结合的一般思路，先从理论上分析高端装备制造业突破式技术创新的微观基础和中宏观传导机制，分析中国高端装备制造业突破式技术创新的影响机理和内在机制，再运用主流前沿的计量经济学方法就高端装备制造业突破式技术创新的影响进行实证分析，并在此基础上提出相应的最优路径和政策建议。全书包括以下九章：

第一章为绪论，主要介绍研究背景和研究意义，说明文章的研究目的和研究内容、研究方法和技术路线图，最后点明本书的创新之处。

第二章为高端装备制造业突破式技术创新的文献综述，包括高端装备制造业发展的理论研究综述、高端装备制造业发展的实证研究综述；突破式技术创新的研究综述，包括突破式技术创新的定义及特征研究、突破式技术创新的影响因素研究，技术创新的过程管理研究；高端装备制造业与突破式技术创新关系综述，包括高端装备制造业与突破式技术创新关系的理论研究、高端装备制造业与突破式技术创新关系的实证研究等。

第三章为高端装备制造业突破式技术创新的理论基础。在比较分析国内外现有文献资料的基础上，阐明突破式技术创新的相关理论，厘清突破式技术创新概念类型、内涵特征、动因和模式；分析知识吸收和知识吸收能力的相关理论，包括创新网络的内涵、分类和构成；阐明制造业核心能力的内涵和特征等。在此基础上，进一步阐述高端装备制造业的相关理论，分析高端装备制造业的内涵、类型及其经济作用和影响因素等。

第四章为高端装备制造业突破式技术创新的影响机理研究。其内容主要分析高端装备制造业突破式技术创新受到哪些关键因素的影响，这些关键因素如何影响高端装备制造业突破式技术创新。具体通过构建理论模型诠释这些关键因素对高端装备制造业突破式技术创新的影响机制，重点从突破式技术创新能力共性出发，分析企业知识学习吸收、技术研究开发、技术商业化和创新资源投入等因素对高端装备制造业突破式技术创新的影响机理，揭示这些关键因素影响高端装备制造业突破式技术创新的内在机制，构建高端装备制造业突破式技术创新影响机制的新理论分析框架。

第五章为对中国高端装备制造业发展现状分析。从描述中国高端装备制造业的发展现状，按中国高端装备制造业的行业划分，具体分析中国航空装备制造业、卫星制造与应用业、轨道交通设备制造业、海洋工程装备制造业和智能制造装备业五大重点行业的发展现状。在此基础上，进一步阐述中国高端装备制造业自主研发的现状，并深入分析促进中国高端装备制造业发展的政策现状。

第六章为中国高端装备制造业的国际竞争力比较，其主要内容是构建国际竞争力评价指标体系，包括显示性比较优势指数、显示性竞争优势指数、贸易竞争力指数和国际市场占有率四个指标，测算中国、美国、德国、日本四国高端装备制造业国际竞争力，从整体上比较四国高端装备制造业国际竞争力。测算四国轨道交通装备产业、智能制造装备产业、航空装备及卫星应用装备产业以及海洋工程装备产业四大行业的国际竞争力，分行业比较四国高端装备制造业国际竞争力，找出中国高端装备制造行业与发达国家高端装备制造行业的差距。同时，分析高端装备制造业竞争力的影响因素，实证分析这些影响因素对高端装备制造业国际竞争力的影响程度。通过分析中国高端装备制造业与发达国家高端装备制造业的差距，从根源上为提出高端装备制造业突破式创新的路径与措施提供实践依据。

第七章为中国高端装备制造业突破式技术创新影响的实证分析，主要是在抽样调研获得相关数据的基础上，实证分析创新投入、技术商业化、知识学习吸收、自主研发等因素对中国高端装备制造业突破式技术创新的影响程度。具体而言，利用研发资金投入、人力资本投入和技术商业化等数据，通过构建计量模型从整体上考察创新投入和技术商业化对高端装备制造业技术创新突破的影响程度。通过研究假设、问卷调查、数据分析，实证检验知识学习吸收对企业突破式技术创新的影响。进一步地，以发明专利申请数与新产品销售收入作为突破式技术创新的衡量指标，分别构建相应的计量模型，从整体上实证检验自主研发对中国高端装备制造业突破式技术创新的影响，并按东部地区、中部地区和西部地区分别检验自主研发对中国地区高端装备制造业突破式技术创新影响的地区差异。

第八章为中国高端装备制造业突破式技术创新的路径研究，主要借鉴国际经验，系统探讨在现实中如何实现中国高端装备制造业突破式技术创新，从企业微观、产业中观和政策宏观三个层面探寻实现高端装备制造业突破式技术创新的最优路径。重点是结合中国智能制造业、航空装备制造业、轨道交通装备业和海洋工程装备业，阐述微观企业如何通过自主研发创新和技术引进消化吸收再创新，实现高端装备制造企业突破式技术创新。阐述高端装备制造产业集群如何通过集群供应链、集群战略联盟和集群创新平台，实现高端装备制造产业集群的突破式技术创新。进一步地，阐述政府如何通过制度创新和研发支持政策引导高端装备制造业核心技术的突破跨越，以及如何拓展突破式技术创新的商业化应用途径等。

第九章为推动中国高端装备制造业突破式技术创新的政策建议，主要基于本书的理论和实证研究，立足中国高端装备制造业发展现状，并结合《智能制造发展规划（2016—2020）》和《中国制造 2025》对高端装备制造业及其技术发展的要求，提出推动中国高端装备制造业突破式技术创新的对策建议。重点从创新政策、技术政策、财税政策、公共服务平台政策和人才政策五个方面提出具体政策建议，完善高端装备制造业产业技术创新链，推动高端装备制造企业自主创新，为政府、产业组织和企业提供可靠的理论支撑和实践指导。

第三节　研究方法和技术路线

一、研究方法

（一）文献查阅法与调查研究法

通过搜集国内外有关高端装备制造业突破式技术创新及其相关影响要素的文献资料，提取出与本书有关的数据和事实，进而梳理出研究高端装备制造业突破式技术创新影响机制和相关政策的理论支撑，并归纳出高端装备制造业突破式技术创新的评价指标。通过访谈、实地调研等手段咨询有关专业人士，保证研究结论符合经济现实。

（二）定性描述和定量分析法

运用定性分析方法，剖析不同影响因素对高端装备制造业突破式技术创新的影响机理，探究高端装备制造业突破式技术创新的内生机制；运用定量方法检验不同要素（自主研发、人力资本投入、研发资本投入、学习吸收、政府政策）对高端装备制造业突破式技术创新是否存在影响，检验引致高端装备制造业突破式技术创新的内生机制及其主次程度；检验中国重点产业政策对高端装备制造业突破式技术创新的影响程度；检验自主研发对高端装备制造业突破式技术创新的影响程度及其在不同地区的差异性等。这些检验过程依据基础数据来源的不同可分为宏观、中观和微观三个维度。

1. 关于宏观层面的计量分析

结合中国知网（CNKI）中国经济与社会发展数据库中的地区统计数据，以突破式技术创新相关指标为被解释变量，以地区层面（即宏观层面）自主研发要素为主要解释变量，并辅以若干控制变量构建时间序列和跨省市面板数据模型，分别进行协整和空间计量分析；在进行计量分析时以省市为基本的横截面单元，分别构建横截面和面板数据。运用引入变量交叉项的柯布—道格拉斯拓展模型（Cobb Douglas Expansion Model）分析自主研发要素对中国高端装备制造业突破式技术创新的整体影响，并比较中国东部地区、中部地区和西部地区自主研发要素与高端装备制造业突破式技术创新内在关系的差异特征。其中，面板单位根检验方法主要用 LLC 检验、IPS 检验等，这些检验可通过 EViews 计量分析软件来完成。

2. 关于中观层面的计量分析

结合国家统计局网站和 CNKI 中国经济与社会发展数据库中的产业统计数据，以突破式技术创新相关指标为被解释变量，以产业层面（即中观层面）创新要素和创新投入为主要解释变量，并辅以若干控制变量，构建产业面板数据模型，进行固定效应模型（FE）和随机效应模型（RE）回归分析，就不同要素与中国高端装备制造业突破式技术创新的内在关系，以及创新投入对高端装备制造业核心技术突破的影响做出整体性判断。其中，高端装备制造产业面板数据采用固定效应模型和随机效应模型进行回归估计，具体使用广义矩估计法（GMM）对模型进行估计，采用相关性检验法和 Hausman 检验法对模型变量进行检验，这些检验可通过 EViews 软件和 Stata 软件完成。

3. 关于微观层面的计量分析

选取中国工业企业数据库或国泰安（CSMAR）数据库中的微观企业样本，结合调查研究所得的企业统计数据，从企业层面（即微观层面），以突破式技术创新指标为被解释变量，以知识学习吸收为主要解释变量，并辅以若干控制变量，构造李克特（Likert）五级量表和结构方程模型。通过研究假设、问卷设计与变量细分，用结构方程模型软件验证因子分析，并采用福内尔和拉克尔（Fornell & Larcker）的区分效度法分析效度，比较分析高端装备制造企业知识学习、知识吸收与企业突破式技术创新的内在关系及差异特征；这些检验方法和步骤均可通过 SPSS 软件和结构方程模型软件完成。

二、技术路线

本书技术路线如图 1.1 所示。

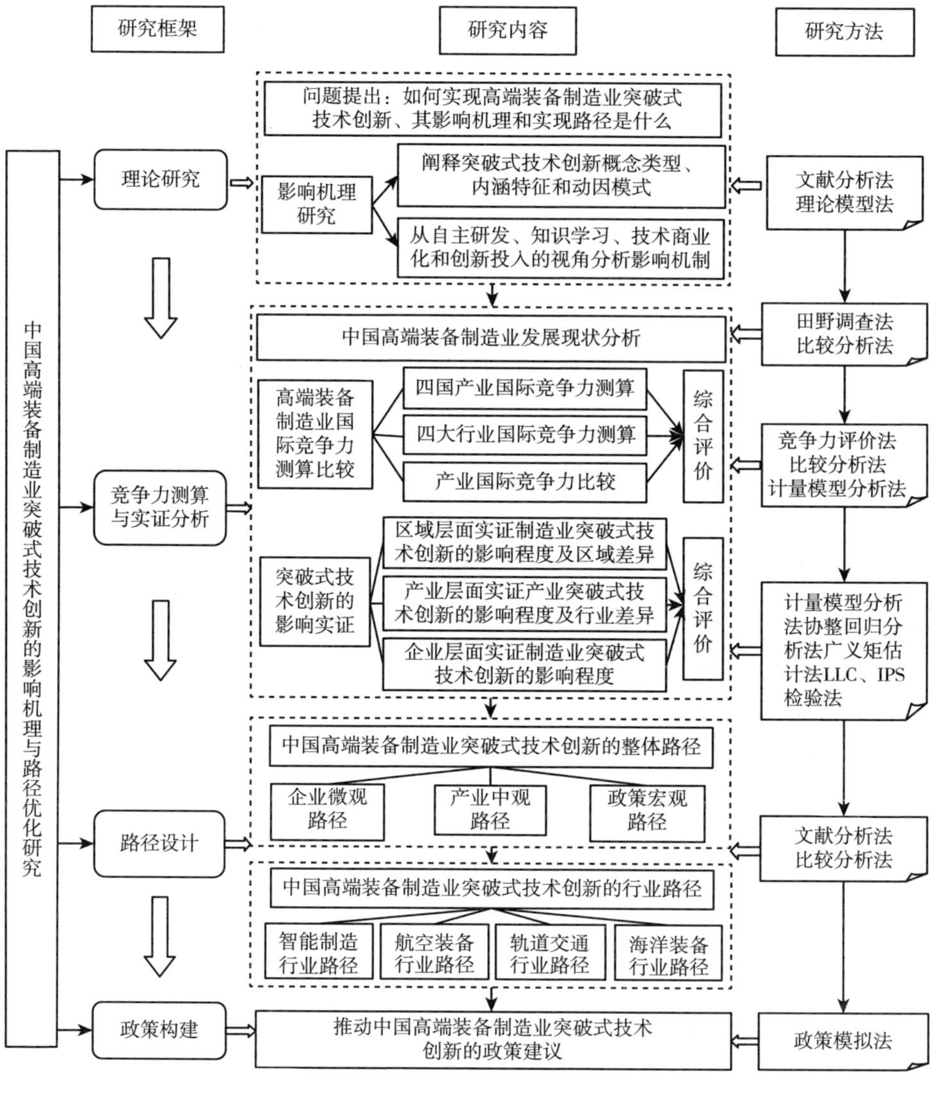

图 1.1　技术路线

第四节 创新点

首先，研究内容新颖，从理论分析层面揭示了高端装备制造业突破式技术创新的影响机理和“微观—中观—宏观”传导机制。迄今关于高端装备制造业突破式技术创新的研究文献非常稀少，鉴于中国高端装备制造业核心技术的“瓶颈”约束日益突出，相关研究具有相当的紧迫性，本书将提供有效解决方案。过往研究关于影响突破式技术创新的要素分析选择局限于资本、劳动、技术三个要素，结合中国高端装备制造业发展的实际情况，本书创造性地构建突破式技术创新影响的评价指标体系，把组织学习、技术商业化、产业政策等都纳入研究范围，拓宽了创新的解释范围，对高端装备制造业突破式技术创新的影响机理和传导途径，会得到更具解释力和创新性的结论。

其次，实证分析维度的立体化。本书的实证研究立足于宏观（地区）、中观（行业）和微观（企业）层面的三个维度，旨在揭示不同创新要素及其组合对中国高端装备制造业突破式技术创新的影响效应，及其影响内生机制与政策效应的差异性，能够为探索中国高端装备制造业突破的最优路径与宏观政策寻求有效的微观支撑，也为中观和微观的表征提供一定的宏观互补性解释。

最后，实证研究方法和手段更为前沿、新颖。国内外学者在研究创新要素对产业突破式技术创新的影响时几乎都忽略了创新要素和突破式技术创新的空间相关性影响。本书以突破式技术创新相关指标为被解释变量，以空间地区层面创新要素为主要解释变量，并辅以若干控制变量构建跨省市面板数据模型，进行空间计量分析。以各省级数据为基本单元，通过构建引入变量交叉项的柯布—道格拉斯拓展模型，分析创新要素对中国高端装备制造业突破式技术创新的整体影响，并从空间上比较中国东部地区、中部地区和西部地区创新要素与高端装备制造业突破式技术创新内在关系的差异特征。同时，在设计实证方案时，通过引入有关控制和虚拟变量把产业政策分析和两者之间的内在关系和实证结果有机统一。

第二章　高端装备制造业突破式技术创新的文献综述

随着经济全球化的发展，高端装备制造业转型发展成为适应经济全球化发展的新潮流，国内外学界和产业界相继聚焦到国家制造业战略转型的研究上。发达国家纷纷提出制造业发展战略，促进制造业回归；中国作为世界第二大经济体，提出《中国制造 2025》战略。国家制造业发展战略的核心思想源是在国家科技创新驱动下形成制造业创新竞争优势与改善出口绩效的制度优势（Porter，1990；Hausmann et al.，2007）。在国际利益环境变化下高端装备制造业转型发展需要政府政策机制与市场配置创新要素机制的良性互动。

第一节　高端装备制造业发展研究

高端装备制造业是促进一国技术进步和经济增长的重要推动力，在国内外越来越受到广泛关注。有关高端装备制造业发展的现有文献研究成果具体体现以下两个方面。

一、高端装备制造业发展的理论研究

（一）关于高端装备制造业发展层级研究

高端装备制造业发展是一个国家推动装备制造业升级政策的演化结

果，其发展具有不同的层级和范围。首先，高端装备制造业发展体现在国家层面的主导产业成长上（Burgan，1985；Bart Los，2004），即由国家先导产业成长作为基础，形成高端装备制造业高成长的社会基础优势。其次，高端装备制造业发展体现在高端制造产业成长规律上，有关产业成长的相关理论主要包括斯密（1979）的产业分工理论，也包括弗勒里和弗勒里姆（Fleury A & Fleurym，2003）等研究的产业生命周期理论，以及包括钱纳里（1989）、库茨涅茨（1989）等学者提出的产业生命周期理论和制度创新理论（青木昌彦，2001）等。这些有关产业成长的理论对高端装备制造业理论发展具有重要的基础作用。最后，高端装备制造业发展路径在实践层面具有的不同选择。罗斯托（1962）从国家宏观的视角，认为作为主导产业，发展装备制造业能够形成对其他行业的高需求，有利于带动其他行业的发展；美国高端装备制造业的成长经验为高端装备制造业成长提供了丰富的实践路径选择（金碚，2003）。从行业中观的视角，行业内的大型企业是装备制造行业成长的“看得见手”（Chandler，1990），行业内的大型企业具有组织优势和资源优势，具备管理协调行业资源的能力，有利于成长为装备制造企业集团。从企业微观的视角，企业发展的理论主要是企业资源的理论（Baumol，1962）、企业生产的理论（Alchianand，1972）、企业能力的理论（Zott，2003）、演化理论（Williams & Mitchell，2004；Steffens et al.，2006）、企业战略成长理论（Ansoff；1965）等相关理论，这些具体理论极大丰富了有关高端装备制造业路径选择的产业发展理论。

（二）关于高端装备制造业发展的决定因素研究

高端装备制造业的发展是受诸多关键因素的影响。第一，高端装备制造业发展受到产业空间因素的影响。高端装备制造业发展在很大程度上需要空间集聚与优化，高端装备制造业发展具有优化国家地理空间结构的鲜明特征。高端装备制造业在重要空间节点上的产业空间分布相对集聚（Marshall，1961；Henderson，1974；韦伯，1997），具体体现为中心城市高端生产要素的空间集聚（Frostand Spence，1991），以及城市空间组织的重构集聚（Coffey & Shearmur，2002；Raco M.，2003，Hutton T. A.，2004 等）。第二，高端装备制造业发展的产业结构因素影响。高端装备制造业产业结构优化包括国际产业组织发展理论（青木昌彦，2003）、产业组织持续创新理论、产业链联动发展理论、新兴产业成长理论，以及全球价值链理论与产业创新等理论，这些都是研究产业结构优化因素的范畴。第三，高端装备制造业发展受到研究与开发（R&D）、人力资本因素的影响。R&D 水平和人力资本水平是影响高端装备制造业成长的主要因素，高端装备制造业成长的新路径是 R&D 与人力资本互动作用（Glomm G.，Ravkumar B.，1992；Benabou R.，1996；林迎星等，2008；范德成、周豪，2008；才国伟，2010）。第四，高端装备制造业发展受到制度激励因素的影响。高端装备制造业发展离不开制度创新，需要制度创新推动激励的竞争模式（Grove，1996）；通过制度创新与激励来达到市场均衡（Oliver Williamson，1996），进而推动国家宏观层面高端制造业的成长、产业中观层面高端制造产业的成长和企业微观层面高端制造企业扩张；市场自由竞争下企业并购与企业学习激励（Carpenter & Lazonick，2000）以及组织一体化发展（Teece et al.，1998）为高端装备制造业成长提供可挖掘的组织资源和激励资源。第五，高端装备制造业发展的环境因素影响。环境管制是高端装备制造业成长的决定因素之一，波特（Porter，1991）注意到环境规制对国家制造比较的优势，学者们从不同角度对环境管制影响高端装备制造业成长进行实证与质疑（Jaffe，1995；Haupt，2000）。

二、高端装备制造业发展的实证研究

作为新兴产业，高端装备制造业发展具有特色鲜明的国家制造空间集聚特征与国家制造空间扩散特征，是国家制造从地理集中再到域外梯度扩散的过程（佩鲁，1950）。国家政策推动高端装备制造业升级，市场创新推动高端装备制造业转型。萨克森宁（Saxenian，1994）以硅谷为例验证市场创新促进高端装备制造业成长；鲍德温（Baldwin，2000）则验证了美国制造业成功在于持续激励寡头竞争向产业技术演化；青木昌彦（2003）将此归结为在信息激励下制造业形成的锥形组织架构的成长范式。日本高端装备制造业发展的经验表明，保证政府政策支持与企业国际贸易竞争间的均衡对高端装备制造业发展非常重要（伊藤元重等，1988）；韩国高端装备制造业转型经验表明，国家制造业的模仿创新影响高端装备制造业的国际竞争力（Dong-sung Choetal，2000）。相关学者从组织模块化实证了国家制造业转型过程中高端装备制造业的发展特征（Sanchez，1996），从模块市场化交易检验高端装备制造业的发展特征（Somaya & Teece，2000），以及从模块生产化角度检验国家制造业转型过程中高端装备制造业的发展特征（派恩，2000）。

国内学者徐康宁（2006）以底特律汽车装备工业振兴经验为例，验证了高端装备制造业成长具有积极的本地化效应。对于高端装备制造业成长的本地化效应，吴学化（2010）运用中国制造业转型案例检验了高端装备制造业成长具有本地化效应。高端装备制造业发展既是一国制造业的成长经验，也是一国战略新兴产业的成长经验（裴长洪，2002）。黄祖辉（2002）实证表明一国高端装备制造业的国际竞争力有利于促进本土高端装备制造业的成长。此外，国内诸多学者从国有企业发展角度实证制度创新因素对高端装备制造业的决定作用（芮祥麟，2007），高粱（2011）从民营企业发展角度实证制度创新支持因素对高端装备制造业成长的决定作用（唐晓华等，2012）；赵德海和张微（2007）运用经验数据实证环境因素对中国高端装备制造业的影响与作用（路甬祥等，2010）。

第二节 突破式技术创新的理论研究

一、突破式技术创新的内涵研究

随着技术创新对制造业竞争力影响的加大，突破式技术创新对企业竞争力影响也越来越大，国内外学者越来越关注突破式技术创新，并且从不同的角度对突破式技术创新内涵进行了界定，但均没有形成统一的概念。突破式技术创新与渐进式技术创新是一个相对的概念（Dewar & Dutton，1986），突破式技术创新是一种竞争力破坏的创新，相对而言，渐进式技术创新是一种竞争力提升的创新（Tushman & Anderson，1986）。突破式技术是在短期内提高产品性能的一种技术，并促使企业组织价值及其网络结构都发生根本变化（Christensen，1997），突破式技术创新给企业的价值及其网络结构带来新的挑战（Chirstensen，1995）。突破式技术创新是创造一种全新产品的新技术，它使企业产品性能得到很大提升，生产成本得到巨大下降，使企业产品和工艺技术或技术服务具有全新的特征（Vadim Kotelnikov，2000）；突破式技术创新是满足企业全新产品概念的必要条件，是重大改变产品核心部件连接的前提条件（Henderson & Clark，1990）。突破式技术创新能够创新整个装备制造工业技术，它导致装备制造工业技术发生重大变革，但发生这种创新的时间很难准确预料（许庆瑞，2000）。突破式技术创新导致产品性能发生重大改变，很大程度上影响市场竞争规则和态势，突破式技术创新导致产业重新洗牌（张洪石，2005）。从上述突破式技术创新的定义可以看出，尽管学者们对突破式技术创新的定义有所不同，但这些定义都存在共同的特点，突破式技术创新对于微观企业、中观产业甚至整个宏观经济体制产生重大影响，这体现了突破式技术创新的本质。

根据突破式技术创新的相关文献，国内外学者对突破式创新概念的主要代表性观点如表 2. 1 所示。

表 2. 1　　突破式技术创新的定义

代表人物	时间	主要观点
熊彼特（Schumpeter）	1934 年	首先提出创新概念，突破式创新是颠覆性创新
弗里曼（Freeman）	1997 年	形成突破式技术创新的技术与已有的知识构成不同
克里斯坦森（Christensen）	1997 年	该创新使产品具有新的功能，带来新的潜在客户群
乔治·波尔（George Por）	1999 年	以往创新是渐进式创新，突破式创新是颠覆性破坏性创新，呈现非连续的曲线
佩里·格拉瑟（Perry Glasser）	1999 年	突破式技术创新是一种不连续的创新，新产品性能成倍增加
埃里克·贝克库姆（Erik Bekkum）	2000 年	突破式技术创新采用破坏性创新思维方法，是对现有思维方式进行颠覆
瓦迪姆·科特利尼科（Vadim Kotelnikov）	2001 年	该创新在产品或服务中带来极大的改变，给产品性能和成本带来翻天覆地的变化
杭和柴（Hang & Chai）	2006 年	该创新是对市场占领和新兴市场的兴起产生巨大影响的一种不连续创新
米歇尔（Michel）	2008 年	该创新对消费者固有价值模式、行业规模、产品价格和市场占有率产生重大影响
佩卡贝格（Pekka Berg）	2009 年	该创新能够提高产品性能、大幅降低成本，诞生新的市场
陈劲	2002 年	该创新提升现有技术轨道，满足创新需要，新产品开始可能得不到主流客户的赞同
张洪石	2005 年	该创新改变目前市场竞争规则，导致行业重新排序
薛红志	2006 年	该创新会使固有技术形式遭到破坏，新技术在市场上取代原有技术成为市场主流技术

突破式技术创新是对原有技术范式的改变，在新的技术轨道上利用新理念创造全新的产品，不仅重大突破改进产品的性能，而且开辟全新的市

场和服务领域，对市场竞争格局带来全新彻底的变化，对整个产业模式带来重新组合。

二、突破式技术创新的影响因素研究

（一）关于企业规模与突破式技术创新的研究

学者阿里（Ali，1994）认为与小企业相比，规模大型企业具有更大的技术创新比较优势，规模大型企业具有技术研发的规模优势，具有技术研发的财务能力，具有分散研发风险的范围经济等。拉杰什和杰拉德（Rajesh & Gerard，2000）同样认为大型主导企业拥有大量的消费者需求知识，拥有突破式技术创新的市场力量，这为突破式技术创新创造了前提。然而，中小企业通过技术变革恰可与主导企业进行竞争，在研究英国小企业的基础上，休伊特和罗珀（Hewitt & Roper，2000）发现小型企业由于组织障碍小及战略障碍小，在突破式技术创新过程中小型企业创新比大型企业有更大创新优势。相比较而言，大型企业在突破式技术创新过程中反而存在不利条件，当大型企业占据市场主导地位时，将投入更多的力量去维持现状，而投入突破式技术创新的力量较少。主导企业在面对突破式技术创新时，绩效会下降（Abernathy & Utterback，1978）。尽管主导企业在创新资源方面或创新技术方面存在较大优势，但当新进创新企业通过突破式技术创新赢得新市场，将引致大型企业最终丢失市场（Teece，1990）。

（二）关于组织结构与突破式技术创新的研究

迈克尔·图什曼和查尔斯（Michael Tushman & Charles，1996）在分析结构惰性的基础上，根据技术周期变化提出二元组织模式，并实证二元组织模式与突破式技术创新绩效的关系。张洪石（2005）进一步指出泛二元组织在组织结构文化、资源获取和激励机制等方面具有二元特征，突破式技术创新或渐进式技术创新是其常见的组织模式。大企业因组织规模庞大降低对环境变化的反应速度，同时大企业存在官僚科层制的组织形式降低因环境变化的反应速度（邓亚玲，王朝全，2006）。主导企业对突破式技术创新失败主要在于组织和流程的僵化（Kamal A. Munir，2006）。在突破式技术创新引发技术变革后，企业通过建立二次创业机制克服组织障碍（薛红志，2006）。企业组织跨部门整合显著降低突破式技术创新的研发时间和研发成本（Valle & Vázquez-Bustelo，2009），同时企业组织结构、企业团队机会认知行为等要素间的互动可以跨越惯性障碍（陈立新，2008），企业通过内外沟通，集中资源建立有利于适合突破式技术创新的组织结构（耿剑锋，2008）。

（三）关于内外部因素与突破式技术创新的研究

随着突破式技术创新研究的深入，学者们关注突破式技术创新的内部资源和市场环境、消费者联系等外部因素。拥有财务和管理资源等互补性资产的主导企业，能够实现突破式技术创新及其商业化。主导企业如果通过技术创新与消费者联系更加密切，可以从技术创新变革中受益（Abernathy & Clark，1985）。互补性资产对主导企业新技术商业化具有重要的影响，突破式技术创新企业如果需要互补性资产，通过突破式技术创新可以得到一定程度的缓冲（Mary Tripsas，1997），但由于突破式创新没有破坏主导企业的互补性资产价值，主导企业仍控制大部分互补性资产，因此突破式技术创新企业可以通过与主导企业合作，共同分享利润（薛红志，2006）。

突破式技术创新需要新技术与消费者市场的结合，同时要研究外部市场因素对突破式技术创新的影响。克莉丝汀（Christine et al.，1997）指出环境因素、组织过程和结构管理等因素影响企业技术创新能力，主导企业拥有大量消费者需求知识和市场力量，这为技术创新企业实施突破式技术创新提供大量机会（Rajesh Chandy & Gerard Tellis，2000）。影响突破式技术创新的外在环境包括技术环境和市场环境，企业突破式技术创新可以从高端市场的客户开始逐步向低端市场客户渗透（吴爱华，李天录，2008），并通过创新商业模式和完善产业发展环境促进企业突破式技术创新。

三、突破式技术创新的过程管理研究

莱费尔（Leifer，2000）等学者通过研究突破式技术创新案例，指出对于突破式技术创新过程中的挑战，强调重点需要有针对性管理和动态调整，重视研发过程的动态调整，避免原有技术研发流程的“惯性”（Veryzer，2002）。对突破式技术创新的管理主要是创意管理、市场管理、项目管理和突破式技术商业化管理（李良德，陈劲，2008）。突破式技术创新是一项风险高的活动，突破式技术创新决策需要基于创新特征和组织环境，构建包括机会识别、组织与社会推动、组织高层与战略机会认知的过程模型（陈立新，2008）。张洪石、陈劲（2004）系统阐述突破式技术创新管理的内容和步骤，强调企业重构组织和制度，作出适合的组织制度安排，并培育突破式技术创新的组织文化对突破式技术创新进行管理（蒋国平，葛明慧，2007）。企业则主要通过调整信息渠道从业务流程和产品价值两方面，寻找突破式技术创新的机会（李正卫，池仁勇，2009）。同时，通过寻求政府支持并完善知识产权管理，提高市场占有率。

四、突破式技术创新能力的相关研究

学者们研究阐述了技术创新能力概念。曼迪奇和柏格曼首先从技术发展战略的角度界定技术创新能力是组织结构柔性、企业文化、技术人员素质、企业制度，创新资源配置与整合等因素的综合协调能力，并初步建立突破式技术创新能力的体系。随后，一些学者进行了理论补充，巴顿（Barton）指出技术创新能力包括企业行为的内化和企业资源的内化，体现在企业利用隐性知识、创新人才、学习团队、创新文化、技术投资等资源要素的配置效率上，企业在创新平台上通过运行机制高效配置知识、人才等创新资源，产生突破式技术创新能力（耿晓娜，2007）。评价突破式创新能力需要建立一套科学系统的评价体系，魏江等（2010）从创新过程指出突破式技术创新能力包括企业技术创新决策能力、研发投入与技术开发能力、资源组织与配置能力、企业生产销售能力四个部分。王健和杨宏进、尹晓波等（2005）分别从创新资源需求和投入产出的角度，认为突破式技术创新能力包括技术创新投入能力、知识吸收能力、资源配置能力、制度创新等以及市场研究、技术创新决策、技术研发、组织学习和技术市场化程度等能力。奥康诺夫（O'Connorf，2004）根据技术创新的市场目标，指出突破式技术创新能力是整合创新投入、创新资源和网络人才的能力以及创新知识的市场化的能力，还包括企业利用创新技术设备能力、孵化新知识能力和提高知识商业化能力（王林英，2012）。上述这些研究是从创新过程、创新资源等方面分析突破式创新能力。

有部分学者从创新机制、创新战略和创新系统等方面分析突破式创新能力。尽管创新能力方式分类不同，但基本提炼了突破式技术创新能力的内容。陈立新（2008）提出了突破式技术创新三维能力重构体系，包括突破式技术创新能力演化机制、能力替代机制和能力转型机制等，从创新机制的视角解答了突破式技术创新能力问题（刘海运，游达明，2012）。突破式创新是一种全新的选择，需要企业从战略角度进行评估（Wayne，2008），突破式技术创新能力在企业战略实施方面主要体现为市场分析、技术吸收研发、市场管理、信息技术转化和综合管理等五大能力（李宏贵，熊胜绪，2010）。杨晓辉（2011）则把突破式技术创新能力划分为创新管理能力、创新投入能力、技术研发能力、营销管理能力和技术生产能力五种能力。同时，突破式技术创新能力也是一个由机会识别能力、技术研究发展能力、企业资源投入调配能力和技术商品化能力等子系统构成的发展系统，通过吸收内外部知识，实现技术突破和技术商品化（刘海运等，2012）。

还有部分学者从知识吸收和突破式技术创新两者结合的角度分析突破式创新能力。德鲁克（Drucker，1993）开拓企业突破式创新研究的新视角，强调企业突破式技术创新成功的前提是知识挖掘和知识获取利用（朱思文，2013）。王明安（2005）从竞争优势的角度指出企业技术创新的来源之一是吸收隐性知识，基于隐性知识的技术创新不易被竞争对手模仿，企业利用隐性知识创新技术可以在行业中保持竞争优势（吴进，2005）。同时，企业信息资源系统、创新网络位置、企业创新文化、组织制度结构等因素影响企业将隐性知识转化为新技术，且进一步影响企业突破式技术创新能力（吴晓波、高忠仕等，2000）。在突破式技术创新过程中，企业在新的技术轨迹上挖掘新市场，利用技术开发新产品，并在企业内部不断吸收和转移隐性知识，达到整合知识资源、提高突破式技术创新能力的目的（许应花，2007）。

第三节　高端装备制造业与突破式技术创新的关系研究

一、高端装备制造业与突破式技术创新关系的理论研究

近年来，高端装备制造业与突破式技术创新关系引起学者们的关注。很多学者研究表明企业突破式技术创新和制度创新相互作用推动高端装备制造业发展。胡祖六（2012）研究认为，中国装备制造业战略转型的关键是同步推进技术创新和制度创新的办法，实现装备制造业从价值链低端向价值链高端的转换。高端装备制造业发展的直接后果之一，是新技术的出现要求企业实现产品差异化，因为它不仅需要技术设计创新（Emst & O Connor，1992），更需要在制度创新中寻求胜者为王的竞争模式（Grove，1996）。无论微观层面的企业成长机制研究（韩太祥，2002；毛蕴诗、周

燕，2002；曹兴、陈琦，2009），刻画了微观企业技术创新机制与影响机理；还是宏观层面的制造业发展机制研究（郭克莎，2003；李凯、李世杰，2004；赵玉林，2012），重点关注制造业各利益主体之间的协同创新机制。这些学者研究结果都表明，高端装备制造业发展是体现在技术创新与制度创新的共同作用和影响上。它为后来的学者进一步认识高端装备制造业持续发展的内在动力和发展激励结构提供了很好的研究视角。关于高端装备制造业发展所形成的技术扩散力量，金芳（2006）认为技术扩散机制是高端装备制造产业发展的决定因素，高端装备制造业发展过程中技术扩散的机制比较复杂，它不仅可以通过信息化扩散技术，而且通过跨国公司全球产业链实现技术扩散。

二、高端装备制造业与突破式技术创新关系的实证研究

中国高端装备制造产业发展在实践中一方面通过实施引进战略，以市场换技术推进高端装备制造业发展；另一方面实施自主研发战略，在国际化市场竞争中通过竞争推动高端装备制造业发展。关于高端装备制造业与突破式技术创新关系的实证研究，现有文献研究主要集中在以下四个方面：首先，外商直接投资（FDI）与技术扩散的实证研究。跨国公司通过直接投资使技术转移到东道国，东道国装备制造企业引进先进技术，这是东道国高端装备制造业获得技术的重要途径（田志龙等，2010；谢代银，2008；吴树斌，2008），体现了中国制造业发展过程中引进外资的政策设计与高端装备制造企业获得技术外溢的本质。其次，高端装备制造业发展与技术引进的实证研究。引进吸收国外科技创新知识，并把新知识消化吸收后转化为创新发展新技术，促进新技术在中国高端装备制造业中广泛应用，推动高端装备制造业发展（孙文祥，2007；高文新、李铁岗，2010）。再次，高端装备制造业和研发投入（R&D）及人力资本提升的研究。格洛姆和拉夫库马尔（Glomm & Ravkumar，1992）将提升研究开发水平与人力

资本水平作为高端装备制造业成长的新路径（Benabour，1996；林迎星等，2008）。最后，田志龙等（2010）寻求新技术本土化发展的道路，包括优化发展技术、引进和再创新环境，优化技术商业化环境（熊娜，2011；干春晖等，2011）；推进实施制造业发展的反周期战略，优化高端装备制造业发展的实施路径（郭晓丹、宋维佳，2011）。

第四节　现有文献的简要评论

综上所述，现有研究取得了重要成果和进展，为本书的研究提供了较好的基础。然而，总体而言现有研究尚存在以下不足：

就现有文献研究的应用价值而言，现有文献研究成果很少涉及中国高端装备制造业核心技术如何突破创新的实施方案，面对中国高端装备制造业核心技术缺失的困境，缺乏具有针对性的系统研究。虽然有少量研究关注了中国高端装备制造业突破式技术创新的一些重要特性，但对导致现有问题的关键影响因素的研究仍不够充分，各项关键因素影响高端装备制造业突破式技术创新的内在传导机制的系统研究更显不足，从而难以据此提供有效的解决方案；更重要的是有关如何实现中国高端装备制造业突破式技术创新的路径和政策研究非常稀少，这就为本书研究提供了很大的研究空间，也将成为本书研究的创新所在。

第三章　高端装备制造业突破式技术创新的理论基础

在比较分析国内外现有文献资料的基础上，本书阐述高端装备制造业突破式技术创新的相关理论基础。首先，阐明突破式技术创新的相关理论，将厘清突破式技术创新概念与类型、突破式技术创新的内涵与特征、突破式技术创新的动因和模式。其次，分别阐明知识吸收理论和创新网络理论，知识吸收理论主要包括显性知识吸收的理论、隐性知识吸收的理论和知识吸收能力的理论，创新网络理论将阐明创新网络的内涵、创新网络的分类以及创新网络的构成。最后，阐明制造业核心能力的相关理论，主要包括核心能力的内涵、核心能力的特征等理论。在此基础上，进一步阐述高端装备制造业的相关理论，从理论上将阐明高端装备制造业的内涵与类型，分析高端装备制造业发展的经济作用、高端装备制造业发展的影响因素和高端装备制造企业价值链理论。

第一节　突破式技术创新的相关理论

一、技术创新理论

（一）技术创新概念与类型特征

熊彼特（Scohumpeter，1912）首次提出“创新”的概念，指出创新是建立一种新的知识生产函数，引入一些新知识等创新要素，重新整合生产要素，产生新的生产活力，提高企业创新能力和生产绩效，改变组织状态（赵雅，2009）。围绕创新的经济效应，创新包括技术创新、组织创新、制度创新。克里斯坦森（Christensen，1997）根据技术创新的轨迹不同、创新程度方式的差异和目标市场等差异，把技术创新分为两种类型，一类是渐进式技术创新，另一类是突破式技术创新。其中，渐进式技术创新是根据当前主要市场中大多数消费者的需求，一方面从生产工艺技术入手，在现有技术轨道上逐步改进技术，同时，另一方面利用现有技术逐步改进产品性能和产品品质，以满足主要市场大多数消费者的现实需求。而突破式技术创新则是以全新的技术范式和创新型竞争形态，对现有目标市场的技术与产品进行颠覆式创造，在新的技术轨道上发展新技术、寻求新机会。在突破式技术创新初期，利用突破式新技术生产的产品性能和产品质量可能不如现有市场产品的性能和质量，一旦新技术成熟，该新技术超越原有技术，其生产的产品对传统市场就会造成很大冲击（许庆瑞，2000；薛红志，2006）。突破式技术创新与渐进式技术创新的特征如表 3.1 所示。

表 3.1　　突破式技术创新与渐进式技术创新的特征

特征	突破式技术创新	渐进式技术创新
技术轨道	新型技术轨道	原有技术轨道
技术	开发全新技术	改进现有技术
目标用户	领先消费者	主流消费者
需求	挖掘潜在需求	满足现实需求
对市场的影响	破坏现有市场	改良现有市场
创新重点	技术原始创新、商业模式创新	改进产品功能和外观
竞争形式	技术的差异化	成本领先或产品的差异化

技术创新是一个包括原始创新、集成创新、技术引进消化吸收再创新三种主要创新模式的战略体系（尚勇，2005）。这三种创新模式是企业常用的创新范式，对于不同行业的各类企业，由于企业拥有的资源状态存在

差异，企业的创新条件存在差异，企业根据资源状态和创新条件的差异性采用三种不同的创新模式。原始创新是一个国家和企业最基本的创新形式，原始创新需要国家和行业企业的基础性创新投入，通过搭建共性技术创新平台，企业积极参与协作，在新的技术轨道上出现原创新技术。集成创新是企业根据市场规律对现有技术进行整合和提炼，创造新产品和新市场的一种创新形式。技术引进消化吸收再创新是基于一国或行业企业技术创新水平低，根据技术需要引进先进技术，通过技术消化吸收，提升技术创新能力，从而进行技术和产品再创新。

此外，从技术范式角度看，企业创新包括延续式创新与破坏式创新两种类型，破坏式创新与延续式创新是两种处于不同技术范式的创新。相对于突破式技术创新，破坏式创新在企业创新形式、创新结果和创新路径等方面与突破式创新没有本质的区别，都是在新技术轨迹上进行，创新结果都是革命性，强调创新结果（孙启贵等，2006）。因此，从概念上看，延续式创新、破坏式创新和渐进式技术创新、突破式技术创新这两组概念存在一定的重叠，具体概念的对应关系如图 3. 1 所示。

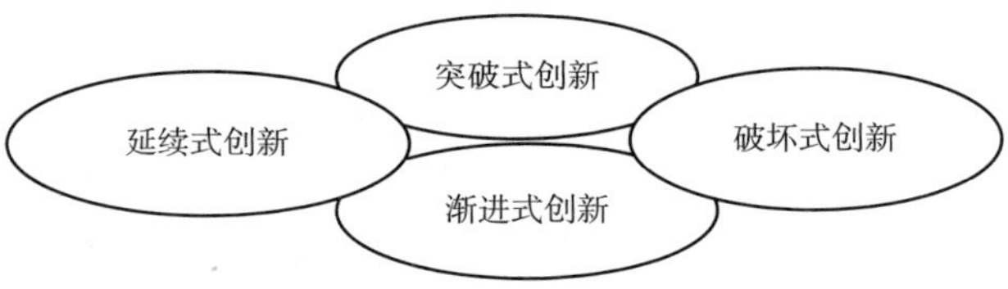

图 3. 1　不同技术创新类型的关系

（二）技术创新相关理论

技术创新是一个较为复杂的系统，是一个不断积累知识、产生新技术工艺并实现新产品及其市场化的系列过程。其核心是企业根据市场需求的变化，通过知识积累推动技术创新及其商业化应用，生产新产品满足消费者新需求，进而实现企业效益的提升。技术创新活动既是在知识获取基础上的一种创造性活动，也是对消费者需求的技术推广活动，其最终目标是通过技术创新生产新产品来满足消费者各类需求，进而获得比较高的利润，实现知识向产品和货币转化的目的（刘朵，2009）。企业创新活动是以知识转化和技术应用为手段，通过市场与技术结合实现企业技术创新价值。在技术创新过程中，企业根据创新不同阶段的特点组建知识吸收组织，改变知识吸收方式，发挥知识吸收的整体效应（孙圣兰，鲁汉玲，2009）。

技术创新是源于消费者的需求，开始新技术研究，生产新产品并实现商业化的系列过程，技术创新有三种不同的创新范式，根据现实消费者需求和潜在消费者需求的差异选择不同的技术创新范式和技术创新方向，实现技术创新和消费者市场的无缝对接（邹新月，2010）。同时，技术创新又是一项创新投入较大、各类主体参与较多的工程，各类相关主体都扮演着不同的功能。在技术创新过程中，企业既可以根据自身技术实力选择技术创新范式，也可以根据资源状态选择合理的技术创新模式，龙头企业由于技术研发能力强进行自主创新，完成技术创新和产品创新；更多中小企业通过产学研合作联盟，利用外部研发优势进行技术创新，弥补自身技术和资源的不足，通过参与技术创新协作，了解掌握新的技术，开拓新的市场（Kenagy，2002）。

企业技术创新的需要客观上推动技术创新理论研究。许庆瑞（1986，2000）分别从技术研发和企业组织创新的角度研究技术研发的基本规律和原理，提炼出企业技术创新的规律，扩充了创新管理理论。陈伟（1996）不仅从企业微观角度分析企业创新要素和创新效果的联系，阐述不同创新企业组织结构要求和技术创新的复杂过程，而且从产业中观角度论述技术创新战略和技术追赶陷阱，探讨了技术创新的经济效应。柳卸林（2003）研究技术创新的过程，根据企业技术创新动力不足等问题，探讨了激励员工技术创新行为的创新激励机制和技术创新政策。杨永涛（2008）指出鉴于技术创新体系包括一系列创新投入和技术研发活动，技术创新体系应是科技组织和机构等主体共同协作，推动技术的利用和转化。企业技术创新是以消费者需求和市场为导向，吸收外部知识资源，整合企业资源，通过内外部创新网络打破企业原有的技术格局（刘劲杨，2009）。

二、突破式技术创新理论

（一）突破式技术创新的内涵与特征

1. 突破式技术创新的内涵

阿贝马蒂和厄特巴克（Abemathy & Uttcrback）在研究企业技术创新模式与技术创新绩效时，提出突破式技术创新（radica innovation），突破式技术创新是一个抽象的概念，以全新的技术范式和创新型竞争形态，对现有目标市场的技术与产品进行颠覆式创造，在新的技术轨道上发展新技术、寻求新机会。具体而言，突破式技术创新是一种超越常规创新轨道的跳跃式创新，企业抓住非主流客户的潜在需求，推进技术创新发展，迅速实现技术商品化，从而对市场和行业全部颠覆的技术创新（Dess & Beard，1984；陈劲等，2002）。从创新技术商品化的角度看，突破式技术创新能够全新改变产品的质量和性能，产品成本大幅减低（Richard Leifer，2000；O'connor & McDermott，2004）。突破式技术创新是体现技术断裂、技术跳跃的一种非连续性创新，是改变当前技术发展主流的一种全新技术（薛红志，2006）。突破式技术创新避开了技术的同质化竞争，帮助企业获取竞争优势和市场机会；随着市场竞争的加剧，突破式技术创新越来越得到重视，突破式技术创新对中小企业尤为重要，突破式技术创新是企业抢占新的潜在消费者市场、实现新技术变道超越的重要手段（Donna Kelley，2009）。在外部环境不确定性状态下，突破式技术创新利用技术突破开创潜在新消费市场，改变原有企业的创新资源配置，是研发创新的一种新范式，通过突破式技术创新为企业快速发展提供巨大空间。突破式技术创新由于创新风险大，在创新过程中需要提高风险识别能力，具体而言，企业建立突破式技术创新风险预警机制，及时降低突破式技术创新的风险（Lynn. etal，2001）。

2. 突破式技术创新的特征

突破式技术创新是企业在新技术轨道上开展技术创新的一种模式，突破式技术创新以新技术替代当前主流技术，巨大的改变现有产品的性能或服务特征，满足潜在市场的消费者需求，从而对现有消费市场和经营模式具有颠覆、破坏的影响。判断突破式技术创新有三个标准：一是技术轨道标准，判断技术创新是否使用新的技术创新轨道；二是市场影响力标准，判断利用突破式新技术生产的产品上市是否巨大冲击现有消费市场；三是市场需求标准，判断突破式新技术生产的产品是否满足潜在消费者的巨大需求。突破式创新依托知识的未来市场价值，挖掘潜在客户的隐性需求，开辟新的技术创新轨迹，是一种完全颠覆现实市场的非持续性创新活动。突破式技术创新具有以下显著的特征：

（1）不确定性。突破式技术创新是在全新技术的轨道上根据企业资源和潜在消费需求的变化进行一种创新活动，由于企业刚开始对市场潜在需求和隐性知识信息很难掌握，企业与创新网络成员合作没有捷径，在创新过程中存在很大的不确定性和风险，表现为未来市场不确定性、创新技术不确定性、创新资源不确定性和创新组织不确定性。

（2）革命性。突破式技术创新是打破传统技术与经营模式的一场变革，是对行业技术和消费者市场产生颠覆式影响的变革。突破式创新以消费者市场的潜在需求为目标，在全新的技术轨道上进行技术创新，是对渐进式技术的破坏性革命。尽管在技术引入初期缺乏市场，但当突破式技术调整到合适的轨道，新技术超强优势和革命性会显现，效率成倍提升。

（3）跳跃性。突破式技术是不连续的运动，知识技术随着时间推移而不断积累，其节奏变化不一，存在跳跃式运动，知识通过跳跃和变轨运动，实现了技术突破。

（二）突破式技术创新的动因和模式

突破式技术创新是一种特殊的技术创新范式，在突破式技术创新过程中，无论是潜在市场挖掘还是技术创新及知识商品化，突破式技术创新需要大量资金。市场环境和技术等不确定因素导致突破式技术创新具有较大各类风险，包括市场风险、技术风险和政策风险。实现突破式技术创新不仅需要加快创新资源流动和信息共享，快速吸收外部知识，还需要根据外部环境变化保持创新组织结构动态性，打破部门条块分割的劣势，加强内外部沟通（Tushman & Reilly，2006），更需要企业创新文化环境和企业技术创新人才。企业不仅要在技术创新文化和组织结构上保持独立性，还要保证有大量资源投入、政策扶持和创新人才支持。

突破式技术创新可能面临高风险和高投入，这导致中国企业创新动力不足，外部环境、组织结构、企业独特的创新文化等环境要素对企业突破式技术创新有影响作用，创新路径和创新过程等资源条件对企业突破式技术创新有不同影响效果（Cristine et al.，2001）。针对企业突破式技术创新动因，国内外学者从环境因素、市场因素和竞争因素等方面解释企业突破式技术创新动力的不足，形成一些典型创新驱动模式，如技术轨道选择模式、市场拉动模式、技术推动模式、多元动力模式、N. R 关系式模式、技术与市场合力作用等动力模式。考虑到组织因素、环境因素、结构因素等对技术创新影响，张洪石（2005）建立一个组织、环境、结构等多种因素的集合体，形成多维突破式技术创新模式。根据环境发展的新趋势，绿色环保是企业突破式技术创新的新动力之一，绿色技术创新将是一种创新动力模式（颜建军，2010）。考虑到突破式技术创新风险大、对组织结构和创新人员高要求等因素，张洪石（2005）将突破式创新管理界定为模糊前段，提出突破式技术创新模糊前段管理。

此外，蒋国平和葛明慧（2010）研究企业突破式技术创新的过程和方法，建立科学的突破式技术创新评价方法意义重大。对于突破式技术创新的动力机制，曹兴和栗亮亮（2007）指出突破式技术创新企业可能存在组织结构重构和运行机制不科学的问题，要结合技术创新项目特点，提出技术创新项目负责人负责制、项目小组独立经营，运营机制灵活的组织模式，提高组织创新能力。周寄中、薛刚（2002）从创新战略、创新组织和创新项目三方面系统归纳技术创新风险，分析不同风险等级，并分别提出顶层风险矩阵识别法、头脑风暴法等对待创新风险的不同方法和运行模式。赵海信（2006）进一步从突破式技术创新风险扩散机制的角度，提出了企业构建突破式技术创新风险预警机制和管理的必要性。

第二节　知识吸收的相关理论

一、知识相关理论

迈克尔（Michael，1958）通过研究人类学习行为和知识，第一次提出默会性知识吸收的概念。人类学习的知识信息分为用公式表达的显性知识和难用语言表达的隐性知识（许泽民，2000），隐性知识和显性知识相依相存（Vema Alee）。知识存在形式很多但差异较大，隐性知识是一种资源，当企业与外部知识主体形成合作联盟后，隐性知识成为联盟企业可以利用的资源组成部分。组织内部隐性知识的不规则分布是很难让其他企业模仿学习、很难解码编码，当隐性知识与不同的生产要素黏合在一起，模糊性比较强，很难用语言表达（Gemunden H. G. 1996）。由于隐性知识嵌入不同层次的创新网络中，所受到的约束力也不同，因此，企业使用隐性知识的效果和形式是根据使用地环境的差异而变化。如果隐性知识与不同地域环境结合比较紧密，异地企业使用隐性知识的效果难以发挥。因为隐性知识具有黏滞性、难转移等特性，这些特性让异地企业解码编码困难、加大了隐性知识吸收成本和转移难度。

显性知识是一种编码化知识，容易被吸收利用。随着技术交流信息渠道的增多，技术交流方式更灵活，企业对知识解码、编码的能力日益增强，显性知识传播范围不断扩大。然而，其他企业获取显性知识不仅受知识传播距离的影响，还受到企业技术创新能力和实力等影响。显性知识在外溢过程中很难被一家企业所独享，相对于隐性知识的价值，显性知识对企业技术创新的价值相对较小（Ragna Seidlerde，2008）。因此，显性知识扩散的成本较低，显性知识移动的范围较大，显性知识传播渠道也较多，获得显性知识相对容易。而隐性知识内嵌在不同知识主体中难以言明和模仿，作为企业长期发展积累的特殊资源，隐性知识更多以技术设备或技术人员智慧潜能等不同形式潜藏在组织内部，它具有不可模仿性和隐蔽性、环境依附性。

尽管隐性知识具有地域依赖性和环境约束力，对创新网络依赖较大，企业获取隐性知识和显性知识的渠道较多。企业可以根据技术发展组建产学研创新联盟，彼此实现技术协同合作，创新资源优势互补，既能促进企业向外获取隐性知识的可能性，提高企业利用知识的效率，又能发挥产学研创新联盟创新知识共享的优势，提供企业的自主创新能力。此外，除企业创新网络、企业技术交流平台等渠道，隐性知识也可以通过非正式场合的交流获得，这对企业技术发展是有益的补充，对提高企业突破式技术创新能力意义重大。

二、知识吸收能力理论

吸收能力是宏观经济领域资源利用问题和微观企业领域资源配置问题的一个多维的概念，是各个主体获取外部知识、利用外部信息资源的能力。科恩和列文塔尔（Cohen & Levinthal，1990）从资源配置的视角指出知识吸收是企业获取、消化吸收外部知识和应用外部知识的全过程。莫维利和奥克斯利（Mowery & Oxley，1996）认为吸收能力是企业获取外部隐性知识，然后调整企业内部知识并整合内外部知识的技能。在科恩和列文塔尔的研究基础上，萨拉和乔治（Zahra & George，2002）进一步对知识吸收能力进行分类，企业不仅需要从外部消化吸收知识，还要应用和传播知识。在企业发展中知识吸收能力分为现实的吸收能力（realized absorptive capacity）和潜在的吸收能力（potential absorptive capacity），其中，现实的吸收能力主要是促进知识转化为商品和现金流；潜在的吸收能力主要是促进知识的转移和知识的转化，提高企业技术创新能力。兰等（Lane et al.，1998）根据知识吸收过程中企业吸收能力受到的影响，把吸收能力分为四个方面，包括知识获取、知识消化、知识转移和知识开发应用等能力。托多罗娃和杜里辛（Todorova & Durisin，2007）基于吸收能力重构提出构建吸收能力重构机制，建立一个包括知识转化机制和知识商业化机制的动态知识吸收能力系统。基于跨国集团母公司与子公司知识转移的研究，王国顺和李清（2006）等研究认为知识主要由母公司转向子公司，从知识高位转向知识洼地等路径；但知识吸收过程较为复杂，企业根据环境变化和市场特征，不仅要评估隐性知识的使用价值，还要结合自身学习能力提升知识吸收及应用能力（Hsu，2007）。陈艳艳（2010）认为吸收能力以获取外部知识为对象，企业一方面自身具备良好的知识基础，优化技术创新环境，鼓励内部共享知识，另一方面积极向外部获取知识，以市场为导向引导新技术商业化，提高外部知识的转化效率。

第三节　创新网络理论

一、创新网络的内涵

企业知识吸收与技术创新需要行业相关企业支持，也需要由消费者、中间商、供应商及科研机构组成的创新网络支持。创新网络是以企业为对象的社会网络系统的一部分，它既包括企业盈利性等特殊性质，也包含一般社会网络的共性。巴恩斯（Barnes，1954）最早提出社会网络的概念，米契尔（Mitchell，1969）进一步发展了社会网络的概念，认为其是人与人之间交织而成的复杂的网络连接系统。企业作为一个开放的组织系统，通过企业内部资源交易机制或外部市场机制实现交易，创新网络由不同创新主体构成，内部网络成员可以实现紧密连接的交易，也可以提供更多的资源供企业选择，是介于内部资源交易和外部市场交易的一种形式。同时，企业创新网络又是社会创新网络的有机组成部分，它不仅可以整合内外部资源，发挥协同优势，还可以拓展创新网络关系渠道，实现优势互补。专业化分工是创新网络存在的基本前提，维持企业正常发展需要企业持续与外界进行资源交换，网络中专业化分工的低成本优势可以实现利益转移，促进整个网络系统工作效益提高，因此，创新网络对提高企业绩效作用显著。企业创新网络是企业以创新为目的，组建资源共享、创新协同的企业网络，是一种社会关系的体现，也是企业间为了实现共同效益目标建立的关系系统和管理制度（Freeman，1991）。创新网络的形式越丰富，创新网络对提高企业创新能力的效果越好。诸如野中和武内（Nonaka & Takeuchi，1995）从交易成本的角度论述创新网络的内容，艾伦（Allen，2002）从创新网络主体的角度论述创新网络的内容，李金华（2007）从比较优势的角度论述创新网络的内容，吴贵生（2000）等从创新网络结构与绩效的角度阐述了创新网络的内容。

二、创新网络的分类

企业创新网络是企业与外部知识主体形成正式或者非正式的连接系统，目的是为了获取外部资源知识（王大洲，2001）。创新网络按不同标准可以划分为不同类型，按创新网络主体划分，创新网络分为企业主导型、基金主导型、个人主导型、政府主导型和科研院所主导型五大创新网络。按照技术创新主体的范围划分，创新网络分为宏观创新网络和微观创新网络两大类型，其中，宏观创新网络包括国际创新网络、国家创新网络和以价值链为基础的区域性跨产业集群创新网络联盟。微观创新网络包括集团企业网络系统和分公司创新网络系统、子公司创新网络系统。按创新网络成员联系方式划分，创新网络又可分为正式组织技术创新网络和非正式组织技术创新网络两种类型。

三、创新网络的构成

企业技术创新网络的构成比较复杂，其网络主体主要包括创新企业、行业竞争者、消费者、技术中介、供应商、金融机构、科研院所和政府组织等主体，它们相互之间通过企业供求关系形成复杂的创新网络体系，为不同主体提供各种资源和资金支持。企业技术创新需要大量创新资源，行业竞争者为企业技术创新提供信息合作实现双赢，形成共生关系；供应商为企业提供技术创新的新材料、新资源，保证技术创新的原材料供应；各类消费者是创新企业的服务对象，各类消费者需求信息是企业技术创新的基础，企业通过让消费者参与交流，可以深入了解潜在市场需求和现实市场需求，研发更符合消费者需求的产品，从而提高消费者满意度。企业技术创新需要大量的资金投入，需要拓宽投融资渠道，推进新技术成果的转化和交易，此时企业需要各类金融机构的资金支持；技术中介服务机构为企业提供新技术孵化服务和新技术转让服务，推动企业对外技术交流，促进技术成果的转化和商业化交易；科研院所利用网络成员的优势资源，与企业共同进行技术研发创新与合作，实现突破式技术创新。由于创新网络的技术创新存在较大风险，应积极发挥政府宏观调控的引导作用，出台相关创新政策和激励措施，积极搭建国家技术创新平台或区域技术创新平台，引导企业积极参与突破式技术创新活动。

第四节　核心能力的相关理论

一、核心能力的内涵

企业核心能力是企业获取竞争优势的根本。企业在经营过程中通过业务重组和分拆实现资源整合，不断提升核心能力。普拉哈拉德和哈默尔（Prahalad & Hamel，1990）首先提出核心能力的概念，指出培养核心能力对企业持续发展的重要性。企业核心能力源于企业长期的知识积累和长期的技术创新，通过吸收和融合各类知识技能，推进知识在企业内部转移或企业间转移。核心能力是企业员工将新知识技术和企业生产要素有机融合的结果，体现了知识在企业各部门之间的协调发展。知识与企业员工融合嵌入企业内部，形成长期的竞争优势，其他企业很难模仿。核心能力是企业通过有形技术和无形知识的有机结合，形成一个企业最关键的能力。企业积极参与创新网络，从外部吸收知识激活企业的创新行为，并通过建立良性运转机制，促使知识在企业内部顺利流通，协调员工跨组织的工作，推动技术创新，因此，围绕核心能力要素展开创新，是企业在激烈竞争中持续发展的根本（Prahalad & HamelGary，1990），对企业发展具有重要的战略意义。核心能力是企业获取超额利润的一种能力，也是保持稳定市场地位的一种实力，是企业不可复制的战略资产。企业应不断增加创新投入，完善创新基础设施，积累竞争资源，提高企业核心能力。

二、核心能力的特征

根据核心能力理论，企业核心能力具有鲜明和稳定的特征（曹兴和许媛媛，2004）。第一，具有价值性特征。企业具备核心能力为企业发展带来更多机会、更大价值，可以让企业以更快的速度超越对手。第二，具有难以模仿特征。核心能力是企业拥有可持续发展的能力，也是各种资源要素长期积淀和有机协调的结果，具有黏滞性和路径依赖特征，其他竞争对手难以复制和模仿。第三，具有独特性特征。核心能力是一种另辟蹊径为企业提供活力，被企业所独享的能力，也是一种超越竞争对手的企业资源，其他企业不具备。第四，具有延伸性特征。在企业独占核心能力的状态下，核心能力延伸到企业研发创新环节、生产加工环节，延伸到新的行业。第五，具有综合性特征。核心能力体现企业知识资本能力、企业组织能力、企业人力资本能力、企业区位优势能力、企业社会资本能力、企业创新能力等多种能力，是企业各种能力长期积累和共同发展的结果。第六，具有动态性特征。核心能力的动态性特征体现为企业核心能力随着市场环境变化而灵活的变化。

第五节　高端装备制造业的相关理论

一、高端装备制造业的内涵与类型

1. 高端装备制造业的内涵

高端装备制造业是装备制造业的高端领域，高端主要体现在三个方面：一是技术高端，具体表现为技术知识密集、多学科高精尖技术的交叉与集成；二是价值链高端，具体体现为具有价值链上高附加值的特征；三是处于产业链的核心环节，高端装备制造业发展水平决定着产业链的整体竞争力。中国高端装备制造业主要体现在两个领域，具体包括传统装备制造业向高端装备制造业转型升级的领域，以及新信息技术作用下智能制造催生的高端装备制造产业领域。

2. 高端装备制造业的分类领域

高端装备制造业是战略性新兴产业之一，以高新技术为引领，带动装备制造产业升级，成为战略新兴产业发展的重要支撑。根据国家工信部发布的《高端装备制造业“十三五”发展规划》，中国高端装备制造业主要包括航空装备制造业、卫星及应用业、轨道交通装备制造业、海洋工程装备制造业、智能装备制造业五大细分行业。

二、高端装备制造业的相关理论

近年来，国内外学者对高端装备制造业发展越来越关注。国内学者对高端装备制造企业的主要研究为经济新常态下高端装备制造业发展的战略地位、主要问题以及相关政策措施。

1. 高端装备制造业发展的经济作用

高端装备制造企业对经济增长具有促进作用，高端装备制造企业对产业链中其他企业发展也具有促进作用（Yanlin Su，2015）。发展高端装备制造业可以延长产业链，有助于制造产业链形成新的经济增长点，通过制度创新和技术创新结合实现从产业链从低端向高端升级。在经济进入新常态背景下，中国高端装备制造业核心技术相对缺失，关键技术仍然依赖进口。高端装备制造业技术创新经历技术引进、模仿研发、自主研发三个阶段，一定程度上推动高端装备制造业的发展，高端装备制造业发展对中国经济增长的贡献逐年增大（唐晓华，2010）。对于高端制造企业的关键技术难题，学者们基于基础技术研究，提出了提高企业自主创新能力、培育创新网络和市场需求、革新技术创新模式和商业模式等策略。对于地方发展高端制造企业，地方高端装备制造企业发展走自主创新、协同创新及并购创新等路径（胥朝阳，2013；王福君，2015）。

2. 高端装备制造业发展的影响因素

在高端装备制造业发展过程中，技术研发创新是其重要的影响因素。高端装备制造企业的技术研发创新在企业市场价值增值活动中发挥着重要作用（Bernard & Francesca，2001），中国高端装备制造业存在专利申请量增长等竞争优势，但发明创新不足等竞争劣势仍然明显（娄岩等，2012）。跨领域、跨部门团队对企业技术引进吸收与创新具有促进作用（Lakemond，2006），但王玉荣（2015）指出高端装备制造企业研发投入与其创新绩效存在 U 形关系，在研发投入与企业创新绩效之间，技术选择起着调节作用。当技术创新与组织结构创新、制度创新三者融合，企业技术创新发挥出关键要素的效果（Wigham，2003），冈倍和米萨（Okabe & Misa，2003）基于日本制造业数据研究发现技术引进与高端装备制造业之间存在必然相关性，并且受高端装备制造产业特征的影响；技术引进与资本以及劳动就业都密切相关。此外，产品市场环境对高端装备制造业市场绩效影响较大（陈旭升、钟云，2013），市场需求增加为中国高端装备制造业发展提供良好的机遇（梁启东、刘晋莉，2013）。在不确定环境下，商业模式对高端装备制造业发展具有促进作用（翟淑萍，2015）。同时，竞争情报信息对提高装备制造企业核心竞争力具有推动作用，制造业服务化是高端装备制造企业转变发展方式的重要选择。

3. 高端装备制造企业价值链理论

高端装备制造企业是从事装备制造领域高端制造的企业，其基本价值活动包括高端装备制造企业生产经营制造、技术与研究开发、市场营销、内外部后勤支持、维护服务和基础设施管理等活动。高端装备制造企业生产经营制造活动包括高端装备产品的生产加工、机床数控化操作、性能检测、售后技术指导等重要环节；技术研究开发包括高端装备新产品开发、产品优化及技术引进再创新、技术原始创新、模具设计等关键环节，技术研发设计是否顺利涉及高端装备制造生产全过程的实现；市场营销是企业价值增值的重要基础，包括市场业务拓展、关键大客户关系管理和品牌开发等；内外部后勤支持包括高端装备制造企业生产需要的物资管理、设备运输、库存管理和产品调试等工作；企业维护服务包括系统设备维护、技术系统解决方案等价值活动。基础设施管理包括财务融资及公共关系等方面，如图 3.2 所示。

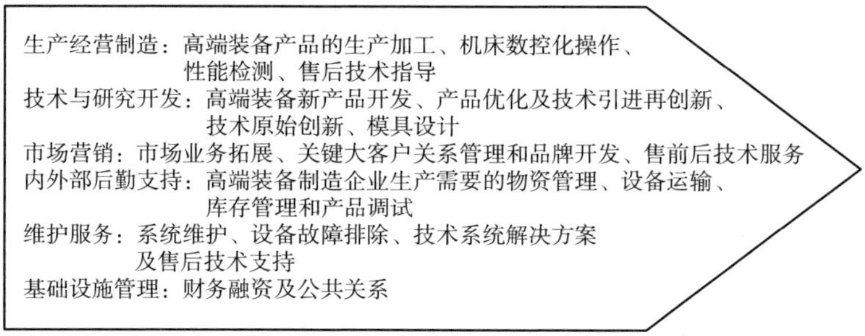

图 3.2　高端装备制造企业价值链

第六节　本章小结

本章阐述高端装备制造业突破式技术创新的基础理论，主要包括突破式技术创新的相关理论、知识吸收理论、创新网络理论、核心能力理论和高端装备制造业的相关理论。突破式技术创新的相关理论重点厘清了技术创新概念与类型、突破式技术创新的内涵与特征以及突破式技术创新的动因和模式。知识吸收理论主要阐述了显性知识吸收理论和隐性知识吸收理论，并阐述知识吸收有关的知识吸收能力理论。同时，创新网络理论主要阐述了创新网络的内涵特征、创新网络的类型以及创新网络的构成内容。从而进一步阐述了高端装备制造业核心能力的相关理论，主要阐明高端装备制造业核心能力的内涵和核心能力体现的特征等理论。本章最后阐述了高端装备制造业的相关理论，从理论上进一步厘清了高端装备制造业的内涵与类型，分析了高端装备制造业发展的经济作用和高端装备制造业发展的影响因素，并进一步阐述了高端装备制造企业价值链理论，具体包括高端装备制造企业生产经营制造、技术与研究开发、市场营销、内外部后勤支持、维护服务和基础设施管理等基本价值活动。

第四章　高端装备制造业突破式技术创新的影响机理研究

通过分析高端装备制造业突破式技术创新的理论基础，进一步剖析高端装备制造业突破式技术创新的影响机理。高端装备制造业突破式技术创新受到哪些关键因素的影响，这些关键因素如何影响高端装备制造业突破式技术创新。本书将提出影响高端装备制造业突破式技术创新的主要因素，通过构建理论模型诠释这些关键因素对高端装备制造业突破式技术创新的影响机制。本书借鉴现有相关文献，从突破式技术创新能力共性出发，把影响高端装备制造业突破式技术创新的主要因素归纳为高端装备制造企业知识学习吸收、技术研究开发、技术商业化和创新资源投入四个方面，并具体分析主要因素对高端装备制造企业突破式技术创新的影响机理。知识学习与知识吸收如何影响企业突破式技术创新，需要分析知识学习吸收对企业突破式技术创新的影响机制；技术研究开发如何影响企业突破式技术创新，需要剖析技术研究开发对企业突破式技术创新的影响机制；技术商业化如何影响企业突破式技术创新，需要研究技术商业化对企业突破式技术创新的影响机制；创新资源投入如何影响企业突破式技术创新，需要探索创新资源投入对企业突破式技术创新的影响机制。在此基础上构建高端装备制造业突破式技术创新影响机制的新理论分析框架，揭示这些关键因素影响高端装备制造业突破式技术创新的内在机制。

第一节 高端装备制造业突破式技术创新的主要影响因素

突破式技术创新是一种跳跃式创新模式，也是超越常规创新轨道的一种新模式。影响突破式技术创新的因素比较多，既有正向的推力因素，也有负面的阻力因素。影响突破式技术创新的正向推力因素，包括组织结构、潜在需求、企业管理文化、激励政策等影响企业核心技术突破的因素（Weisshuhu，1998）。影响突破式技术创新的负面阻力因素较多，主要包括文化阻力、组织阻力、市场营销阻力、资源分配阻力等因素（赵明剑，2007），其中，组织流程僵化是高端装备制造企业新技术突破失败的主要原因（Kamal A. Munir，2003）。高端装备制造业必须解决这些阻力，才能更好地实现突破式技术创新。

高端装备制造企业突破式技术创新是一个较为复杂的系统，外界环境变换对其核心技术突破形成具有不同程度的影响，但更为重要的是高端装备制造业核心技术突破需要企业具备一定的实力与能力，依靠企业创新投入能力、先进的技术研发水平，有效的组织管理和内部的知识吸收能力，在企业创新文化促进下，才能够实现核心技术突破（杨晓辉，2011）。

一、知识学习吸收

突破式技术创新的基础是知识学习和知识吸收，高端装备制造企业学习吸收能力为高端装备制造企业核心技术突破提供组织学习条件和创新基础。企业组织学习能力是潜移默化的，具有深远稳固的影响，它为高端装备制造企业持续性获取缄默知识、市场快速反应和组织管理提供基础和条件，也体现高端装备制造企业是否具有促进组织学习创新的模式和信息交流的氛围。提高知识吸收能力将促进突破式创新效率的提高（Alwis & Hartmalm，2008）。创新不仅包括技术创新，也包括业务流程创新、管理方式创新及商业模式创新，组织知识学习对高端装备制造企业突破式技术创新、业务流程创新再造、组织效率提升起到正向推动作用。而吸收创新能力是高端装备制造企业突破式技术创新的重要基础，知识吸收为企业突破式技术创新做准备，提高知识吸收能力能够进一步增强企业技术创新能力。因此知识学习吸收更是企业各业务部门之间良好协作创新的体现。

二、技术研究开发

技术研究开发是高端装备制造企业核心竞争力培育和进一步创新的关键。高端装备制造业核心技术突破需要以企业强劲的研发技术作为支撑，企业核心零部件的研发生产需要强劲的研发能力。因此，技术研究开发是高端装备制造企业核心技术突破与创新的关键，企业技术研究开发为高端装备制造业关键共性技术突破提供技术支持，也为高端装备制造企业核心产品的技术突破提供保障。在高端装备制造企业技术研发能力中，最重要的是企业研究开发能力，高端装备制造企业能否实现技术领先关键在于企业研究开发能力的强弱以及研发技术的先进程度。企业强劲的研究开发能力为其技术创新和掌握高端核心技术提供了技术支持，技术研究开发能力主要受到研发费用投入、专利水平程度等因素影响。

三、技术商业化

突破式技术创新需要经过新技术开发、新产品孵化和新产品商业化等复杂过程。技术商业化包括创新技术开发和新产品商业化过程，也包括新技术商业化过程中市场营销、经营管理和售后服务过程，技术商业化为高端装备制造企业突破式技术创新提供市场需求、组织管理和战略保障。新技术产品的市场营销为高端装备制造企业突破式技术创新提供新技术的市场需求和新产品的市场份额，为高端装备制造企业拓展新技术产品的市场占有率，提升市场应变能力。新技术产品的经营管理保障高端装备制造企业突破式技术创新的管理效率和组织决策的科学性，其售后服务体现新技术的服务能力，包括新技术售后服务投入和售后服务网点建设等售后服务体系。技术商业化是高端装备制造企业新技术市场化的关键点，为高端装备制造企业提供准确的市场快速响应能力、市场调整能力和新市场开拓能力。技术商业化不仅降低企业运行成本，提高企业与战略联盟合作创新的效率，而且为企业长期创新发展提供科学的企业组织决策、创新资源配置和市场控制。

四、创新资源投入

创新资源投入是企业实现核心技术突破的重要基础，为实现企业突破式技术创新，高端装备制造企业抓住国内外市场新机遇提供创新的各类资源投入。高端装备制造企业创新资源投入主要包括财务资本投入和人力资源投入等方面资源，财务资本投入主要包含高端装备制造企业的研发资金投入和固定资产设备投入等企业重要投入；人力资源投入主要包含高端装备制造企业高素质技术研发人员、高素质管理人员和接受过高等教育的员工等人员投入。创新投入是企业核心技术创新和竞争力培育发展的前提与保障，企业财务资本实力强弱、人力资源高低都与企业技术研发能力、生产制造能力和售后服务能力等密切相关。

第二节　高端装备制造业突破式技术创新的影响机理分析

影响高端装备制造业突破式技术创新的主要因素有高端装备制造企业

知识学习吸收、技术研究开发、技术商业化和创新资源投入四个方面。企业突破式技术创新是一个发展系统，需要由知识学习吸收、技术研究开发、创新资源投入和技术商业化等子系统支撑企业突破式技术创新体系正常运转。然而，高端装备制造企业知识学习吸收、技术研究开发、创新资源投入及技术商业化等因素如何影响企业突破式技术创新，这些因素影响企业突破式技术创新的内在机理是什么。对于高端装备制造产业，其突破式技术创新应有其内在的机理，那么这种突破是借助怎样的机理发生的呢？这方面的研究目前尚处于探索阶段，纵览有关的研究，高端装备制造业突破式技术创新的影响机理大体上可以分为以下四个方面。

一、知识学习吸收对制造业突破式技术创新的影响机理

（一）知识学习影响企业突破式技术创新的影响机制

企业利用学习机制学习知识，学习机制是企业学习吸收知识、实现突破式技术创新的前提和基础，在学习机制下企业可以实现内外知识联动。首先，企业根据需要学习外部知识，通过与国内外企业、科研机构、政府部门、金融机构等建立技术合作研发创新联盟，或从国外引进技术等形式有效获得外部知识。其次，企业内部知识学习，内部知识学习是企业实现知识内部转移、知识内部共享和知识转化成果的保障。企业通过知识学习机制促进知识在企业内部转移以及在企业员工之间共享，促进知识与人力资本要素的结合，提高员工知识素质，提高企业知识技术的创新水平。

高强度并行学习是高新装备突破式技术创新的有效途径之一，高强度并行学习通过问题识别改善试验效率，在短期内实现研发设计能力的突变，具体表现为“干中学”“用中学”“研究开发中学”等学习机制。“干中学”（Arrow，1962）是工作人员在生产实践与设计实践反复迭代的基础上积累经验，通过经验积累获得知识，从而对引进的技术进行大规模消化

吸收，不断增加技术知识总量并进行自主研发，形成具有自主知识产权的产品，从而实现新产品和新设备的重大突破。“用中学”（Mukoyama，2006）是工作人员在特定条件下通过运行和维护多种装备，对技术来源各异的多种装备进行深入认识研究，了解并熟悉多种设备的设计理念及其设计差异，掌握各种设备的设计技术，从而具备根据实际环境进行自主设计各种设备的能力。“研究开发中学”（Thomke，2012）是研发人员既通过高密度并行研发，获得产品设计的优质数据，又通过高密度并行实验，获得改进的适时优质数据，形成“深层次观察—抽象的概念化—积极实验—具体实验”的往复循环，进而在短时间内大幅提升研发技术和研发效率。作为高强度并行学习的有效模式，“产学研用”合作能够实现突破式技术创新，生产企业与高校、科研院所、应用企业开展合作，在实施高新技术装备工程的过程中，通过“产学研用”高强度并行学习和实时信息交流，实现高新技术装备核心技术的突破，获得高新技术装备的商业化应用与推广。中国高铁轨道交通装备是在实施高强度并行学习的基础上，实现装备突破式技术创新的典范（见图 4.1）。

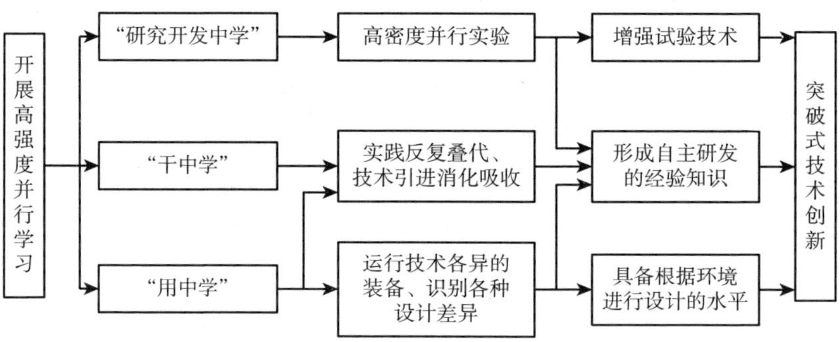

图 4.1　突破式技术创新的并行知识学习机制

（二）知识吸收对企业突破式技术创新的影响机制

突破式技术创新是企业在特殊创新环境下进行间断性、跳跃式技术创新的一种特殊创新模式，这种创新是企业通过知识网络挖掘吸收隐性知识和显性知识，不断获取创新资源和积累知识，并把知识转化为突破式技术的一种创新，它能够加快提升企业知识应用水平与技术研发水平。知识吸收能力是企业识别、消化外部新知识和应用新知识的能力，对企业突破式技术创新和新技术商业化产生影响，知识吸收能力越强的企业开发新技术和新产品能力也越强。

1. 知识吸收影响突破式技术创新的过程

在突破式技术创新过程中，企业鼓励员工学习知识是学习系统正常运转的重要前提，学习系统内嵌于企业技术创新的内部过程，企业通过学习系统完成知识吸收并影响突破式技术创新。随着知识在内外部因素影响下不断积累变化，企业突破式技术创新水平不断提高。企业学习吸收知识的过程运动是循序渐进的，由于不同知识形成的“知识集”不同，不同知识集的运行方向、运动速度和运动轨道存在差异，但都形成知识螺旋式上升的过程（见图 4.2）。在企业内外部学习系统的支持下，企业在不同阶段都通过获取新知识、转化新知识、应用新知识等系列活动，形成知识技术间断式、螺旋式上升的过程。

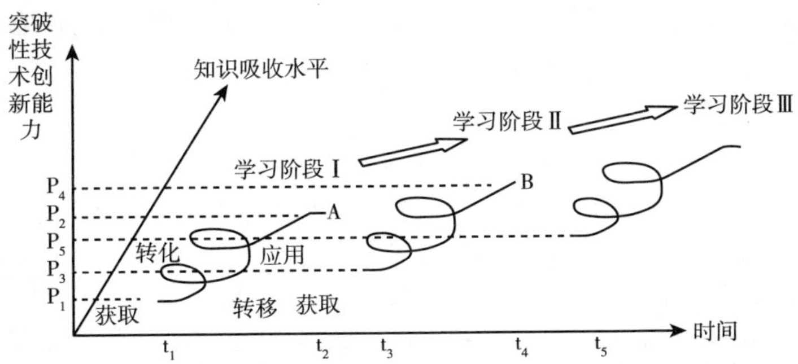

图 4.2　知识吸收影响突破式创新的过程

假设企业知识量增加与技术水平提升速度不确定，并假设在 t_1 时间点和 t_2 时间点对应的企业技术水平为 P_1 和 P_2，依此类推，t_3、t_4、t_5 时间点对应的技术水平为分别为 P_3、P_4 和 P_5，并且 $t_4 > t_3 > t_2 > t_1$，$P_4 > P_2 > P_3 > P_1$。在学习第一阶段，随着知识学习和时间运动的积累，企业技术水平沿螺旋式上升的技术轨道变动，当轨道运行到 t_2 时间点，技术到极值点 A，对应技术创新水平为 P_2。随着技术进化断裂，技术创新水平开始下降到 P_3（P_3 小于 P_2），企业通过寻找新市场并根据非主流市场需求进行技术跨越。在学习第二阶段，新的轨道从初期 t_3 开始学习运动，通过知识学习和积累实现突破式技术创新，经过几轮知识循环，到达 B 点，对应企业技术创新水平达到更高水平 P_4，$P_4 > P_2 > P_3 > P_1$。同理，在学习第三阶段，企业新知识集继续沿新的螺旋式上升技术轨道变动，推动技术水平和技术创新能力螺旋式上升，并在保证企业知识不断更新的前提下，为下一阶段的技术创新做准备。

2. 知识吸收对企业突破式创新的影响模型

企业知识吸收影响突破式技术创新的过程是一个复杂的系统过程。在企业学习系统和激励系统等作用下，随着企业对知识吸收程度的提高，企业知识与人力资本、技术研发等要素不断融合，企业获取创新资源的能力和应用知识开发的能力不断提升，大幅提升把知识转化为技术的创新能力，从而提升突破式技术创新能力（见图 4.3）。企业是各类知识交流吸收的一个系统，企业知识吸收影响突破式技术创新的过程主要体现为外部吸收知识、技术创新支持系统和突破式创新能力三大部分。

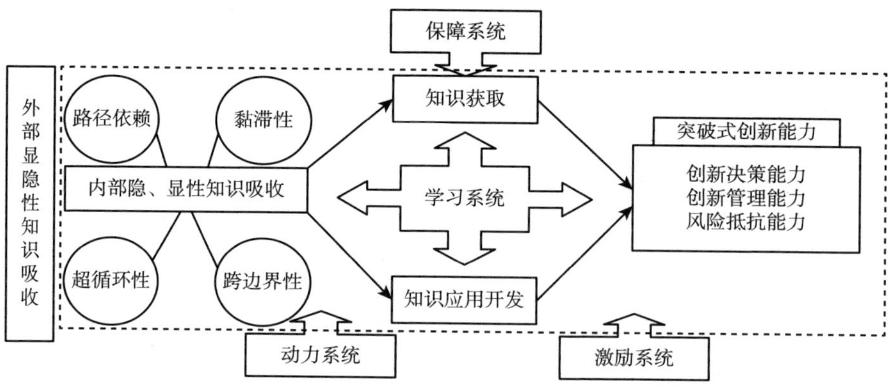

图 4.3　知识吸收对企业突破式创新的影响模型

首先，企业从外部吸收隐性知识和显性知识，其吸收知识的类型、水平和能力大小不仅受企业现有资源状况和知识水平的影响，从外部吸收的知识还要与企业现有知识相协调，保证外部知识能够被企业吸收利用。企业通过知识吸收拓展知识深度，深化企业现有的知识储备，为企业突破式技术创新奠定基础。

其次，企业技术创新支持包括动力系统、激励系统、保障系统、学习系统等技术支持系统。企业知识吸收与突破式技术创新活动是以企业与外部知识资源交流为基础，需要建立积极的知识吸收动力系统和激励系统，促使企业从外部获取知识或分享知识，鼓励员工参与各类知识吸收活动，不断更新并掌握各种知识；企业学习系统通过提供广阔的知识学习平台，形成更高级别的知识循环，并且贯穿整个知识吸收和技术创新活动的始终；保障系统从创新资源投入、创新人才投入、创新制度保障等方面为企业突破式技术创新活动提供资源保障。

最后，企业从外部获取知识，提高了知识活力和企业获取创新资源的能力，而获取创新资源增强了企业突破式技术创新能力。企业利用创新网络获取所需的技术创新资源和战略性决策资源，这有利于提高企业技术创新管理能力和创新决策能力。企业通过学习系统吸收知识不仅提高知识应用与开发水平，而且能够为技术商品化提供支持，而企业知识应用与开发水平有助于实现企业突破式技术创新，促进技术商业化，可以进一步根据技术市场和消费者需求提高企业突破式技术创新的风险抵抗能力。

二、研究开发对制造业突破式技术创新的影响机理

（一）突破式技术创新的正向自主研发机制

技术自主研究与开发是高端装备制造企业核心竞争力培育和突破式技

术创新的关键。高端装备制造企业能否实现技术领先水平关键在于其自主研发能力强弱和技术先进程度。世界产业经济发展的实践证明正向自主研发的企业往往掌握更多的核心技术，拥有关键技术的知识产权，具备持续的技术创新竞争优势。坚持正向研发的高新技术企业优势明显，由于行业龙头企业实施正向研发的前期投入比较高，通过投入较高研发资金和研发人才，积累正向研发的先进技术，在后期无须投入过多研发成本，这样可以保证正向研发实施的连续性和创新的成功率（Chandy，2000）。然而，企业坚持正向研发需要克服多种困难，需要经受研发成本和研发风险的考验。

为鼓励高端装备制造企业实施正向研发，政府通过政策引导和资金安排促使正向研发作为高端装备制造企业的主流研发模式，完善高端装备制造业共性技术正向研发的体制机制，形成行业共性技术的正向研发体系，真正引导高端装备制造企业从正向自主研发系统入手，构建行业共性技术数据库，培育提升正向自主研发理念、正向自主研发规范和正向自主研发组织水平。在全行业范围内鼓励企业积累正向自主研发的数据和技术，共享研发数据和研发技术，形成高端装备制造企业正向自主设计能力，确保共性技术正向研发的效率性和公共性。中国高端装备制造企业实施长期正向研发的典型案例是奇瑞研发生产中国具有自主知识产权的智能化汽车（见图4.4）。

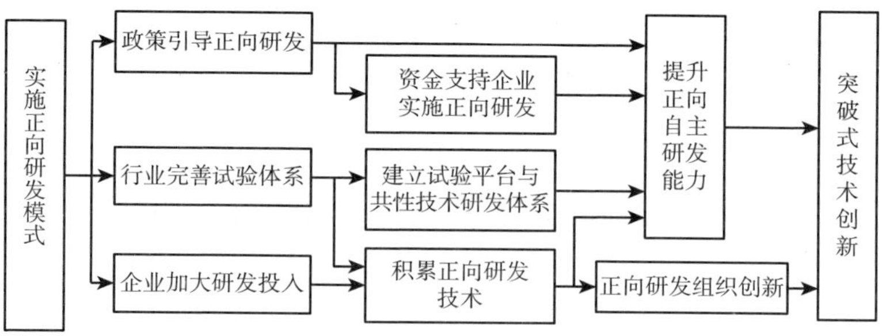

图4.4　突破式技术创新的正向自主研发机制

（二）客户参与下技术共同研发对突破式技术创新的影响机制

随着互联网技术的发展，企业突破式技术创新过程逐渐转为消费者参与其中的虚拟过程，众创空间就是互联网环境下大众参与企业技术创新、汇集大众智慧实现创新目标的一种模式。就消费者参与企业创新的方式而言，主要有提供消费者信息与共同开发两种。

首先，企业在自主研发过程中，消费者向企业提供需求偏好或者新创意等信息，企业了解掌握并整合消费者这些信息，精准掌握消费者的需求动向，并根据消费者需求实施技术创新和产品工艺流程创新，研发更好的新产品满足客户个性化的需求。

其次，企业联合消费者共同开发新产品，即让消费者直接参与企业相关产品或服务的技术创新中，共同解决新产品开发过程中的问题，提升产品的创新程度。在来自各行各业客户的参与下，企业创新团队一方面不断研发拥有知识产权的技术创新成果，另一方面根据消费者的新颖想法与观点，对企业技术创新成果进行微创新，更精准、迅速地满足客户的需求。消费者参与下企业技术创新速度较快，能够有效避免产品缺乏市场吸引力的现象。众创空间最终技术创新成果可以开发出消费者当前的消费需求和潜在的消费需求。

本书在消费者参与情况下，依托信息系统和创新平台，通过消费者提供信息或直接参与方式实现企业与消费者之间信息共享，为企业自主研发和技术创新提供依据和参考。企业技术创新需要消费者信息的强大支撑，而消费者新颖想法与观点在企业与消费者间形成良性循环，有利于企业实现突破式技术创新。因此，本书将信息共享作为中间变量，消费者参与下技术共同研发对企业突破式技术创新的影响机制，如图 4.5 所示。

三、技术商业化对制造业突破式技术创新的影响机理

（一）突破式技术创新的商业化应用机制

企业新技术转化的商业目标是生产销售更多的新产品，突破式技术创

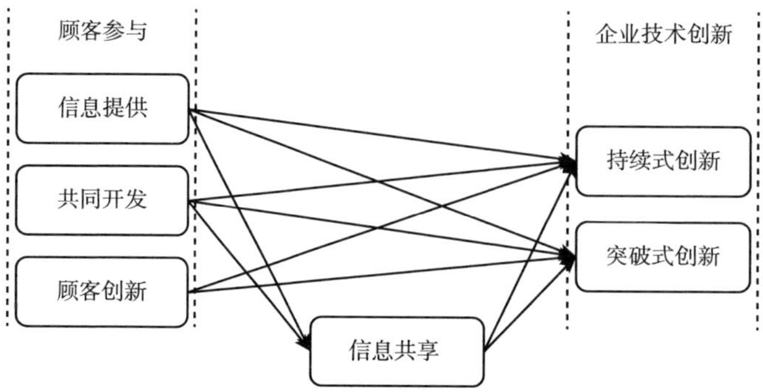

图 4.5　互联网环境下消费者参与突破式技术创新

新是企业从消费者需求的市场目标出发，通过整合创新资源实现新技术转化为新商品的过程（O'Connor，2004）。企业突破式技术创新一般经过研发新技术、生产新产品、通过传播媒介宣传新技术产品等阶段，主要包括孵化技术、技术应用和技术商业化过程（王林英，2012）。技术商业化应用是突破式技术创新的一个产出转化过程。为提升新技术装备的市场占有率，高端装备制造企业往往通过并购等方式引进先进技术，开发具有自主产权的高新技术装备，并形成规模的商业化应用。

在商业化应用前期，自主研发的首台装备往往遭遇市场初期应用的“瓶颈”，由于自主研发的首台装备研发投入大，其销售价格比较高，而其他企业考虑采购成本和设备可靠性等因素又不敢率先采购首台设备。为加快高新技术产业首台设备的商业化应用，提升市场信心，政府部门一方面通过实施高新技术装备的首台设备使用补偿机制，鼓励行业企业自主研发高新设备，利用市场机制助推打开国内装备市场；另一方面通过出台普惠支持政策增强自主研发装备的市场预期，或采用阶段性政府采购等方式创造初期市场。同时，加快提升高新装备的商业化应用进程，研发生产企业利用市场手段批量生产自主研发的装备，加快自主研发装备的规模化商业应用和模式创新，促使自主研发技术能力向技术经济性、需求规模化的正向设计路径演进（Tripsas，1997）（见图 4.6）。通过兼并收购沃尔沃，吉利控股集团研发生产汽车，抢占国际汽车市场，为中国汽车产业“走出

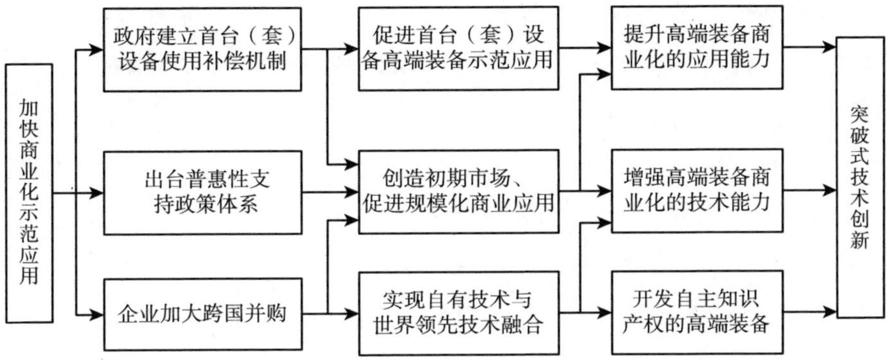

图 4.6　突破式技术创新的商业化应用机制

去”和商业化应用起到示范作用。

（二）技术商业化对突破式技术创新的影响模型

本书引入组织学习变量，构建“组织学习—突破式技术创新—商业化应用”模型，探究三者之间深层次的影响机制。

1. 模型基本因素

（1）组织学习。组织学习分为单环组织学习与双环组织学习（Argyris，1993）。单环组织学习是最基本的学习方式，主要是基于当前问题，发现错误的组织策略和行为并予以纠正，其目标是使组织运作适应环境；双环学习是组织对既有规范和目标产生怀疑并对之进行修正，不仅要发现错误的组织策略和行为，还要发现指导问题，以应对环境变化。两类学习采用方法各不相同，单环学习是通过调整组织行为方式实现目的，而双环学习修正规范和目标模式实现组织目标。企业通过两类学习模式切换增强企业学习能力和创新能力，提高组织绩效。

（2）突破式技术创新。根据对企业经营的冲击程度，技术创新分为渐近式创新与突破式创新（Christensen，1995）。渐近式创新是对现有产品的功能进行逐步扩充或者作出逐步改变，局部解决某个技术难题，逐步改善制造加工过程或服务过程。突破式创新一般是通过全新的创新设计推出新产品或新服务，导致巨大的产品改变或服务改变，创造全新的市场。两种创新差异的实质是新知识的内涵以及使用知识的基础不同。

（3）商业化应用。商业化应用导向是组织创新和发挥其产品功效的目标。市场化应用包括明确目标客户需求、企业市场营销、客户服务等。以客户需要为核心，通过满足客户需求，实现新技术产品的市场化应用，达到企业发展和创造持续竞争优势的目标。企业各部门需要针对客户需求进行分析，协调、整合各种资源，为客户创造卓越的价值。

2. 影响机理模型

企业根据市场需求导向组织单环学习，并通过创新产品与服务作出回应。以消费者需求为导向的企业从事研发生产的同时，更多关注消费者的态度和消费者行为，并满足消费者的现实需求和潜在需求。然而消费者需求往往被限制在消费者熟悉的产品范围内，不完全了解最新的产品市场发展，这使企业更倾向于技术模仿创新，学会如何在相对稳定的环境中生存。企业部门间协调驱动的双环学习更强调企业所有部门共同参与企业价值链的提升，各部门充分沟通、互补协调、协同合作，企业研发人员、生产人员、销售人员和客户共同参与分享新思想、新需求和新建议，共同创新设计研发，分解、整合现有技术，形成一个深度思考的环境，使企业技术研发模式发生根本变化，从而促使企业进行周期较长、风险较大、收益较高的突破式技术创新。市场化导向是由于企业的技术创新是基于目标消费者需求的创新，其目标是发挥其产品功效，满足更大的新市场的需求。以消费者需求为核心，对新技术产品进行市场营销和市场推广，实现新技术产品的市场化应用，为客户创造卓越的价值，从而达到企业创新发展和创造持续竞争优势的目标（见图 4.7）。

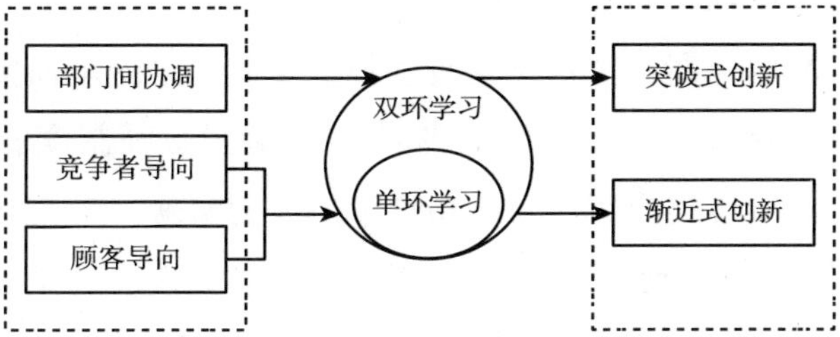

图 4.7　“组织学习—技术突破创新—商业化应用”模型

四、创新资源投入对制造业突破式技术创新的影响机理

创新资源投入是企业突破式技术创新的保障，突破式技术创新具有投入多、生命周期长、风险系数高等特点（李杰，2008），是对创新资源高效配置的行为，企业需要投入多种创新资源，包括创新人才和资金投入。突破式创新需要的资源可能是企业不具备或者没有很好管理的资源（Glasser & Perry，1999）。为了满足突破式技术创新的需要，企业在加大研发投入、培养创新人才的基础上，在企业内外合理分配创新资源，积极协调合作研发。企业对突破式技术创新立足长远，建立突破式技术创新人才的创新激励机制，利用保护知识产权政策和企业制度保护创新者的利益，把绩效考核与战略竞争性指标相结合，激发员工的创新激情，提高企业突破式创新动力。企业加大研发资金投入和人力资本投入，鼓励员工学习创新，为企业提供源源不断的创新动力（Bekkers R. et al.，2008）。

（一）人力资源投入对突破式技术创新的影响机制

各类专用人才是实现高新技术产业突破式技术创新的载体，加强各类专用人才的积累是高新技术产业突破式技术创新的基础（Zott，2003）。为保证自主研发创新的人力资本积累，实现创新团队的完整性和可持续发展，高新技术行业企业需要加大对产业专用性人力资本的投资，重点培养复杂装备及其关联部门的专用性研发人才和技工人才，增强自主研发项目的人才储备。同时，高新技术企业通过知识交流、轮岗培训实现人力资本积累，并根据实际经营效益，加快改革企业薪酬激励制度和绩效考核制度。重点提高企业各类专用性人才和技术工人的薪酬，为关键专用性人才和技工配备具有市场竞争力的工资，不断激励各类人才各尽其才，提升专用性人力资本的绩效水平；积极发挥薪酬和绩效的激励作用，留住人才，保证企业人才能够对引进技术进行消化吸收并获取技术知识，提升自主研发能力，促进技术成果的转化与应用。同时，加强各类专用性人才的协同合作，根据项目要求把各类专用性人才按一定比例组成技术科研团队，通过工程项目方式促进各类专用性人才开展深度协作，实现人力资本资源优势互补，形成技术创新协同机制，并对关键技术进行攻难克坚，实现突破式技术创新。这促使产学研各方以并行工程的方式深度协作，攻坚核心关键技术，加快基础研究、产品开发、生产制造之间的迭代循环过程（见图4.8）。

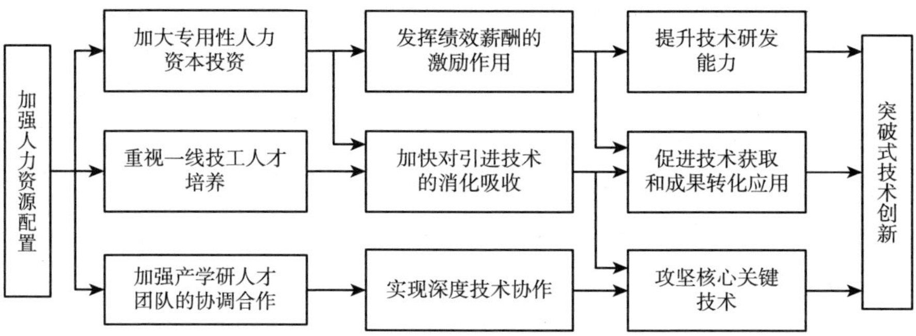

图4.8　核心技术突破的人力资源配置机制

（二）社会资本投入对突破式技术创新的影响机制

1. 企业社会资本与创新观念

企业社会资本主要体现在企业研发生产过程中形成的各种社会关系与资本积累，企业创新网络是在企业研发过程中的一种社会资本形式。企业创新网络包括企业研发网络、企业创新关系网络和企业创新信息网络等，它蕴含了丰富的有价值创新信息。企业创新人才通过企业创新网络的创新信息可以产生创新观念。在企业创新价值观的引导下，各类创新人才不断碰撞各种创新思想，不断交融各种技术和学科知识，不断诞生创新观念。同时，由于创新网络中存在政府部门、科研机构、供应商和顾客各类主体，企业高端创新人才通过创新网络与各类主体互动交流，促使创新观念更具实用性。企业在创新人才形成各种创新观念的基础上，基于管理组织方式实行信任、规范的社会资本治理，对研发创新人才实行弹性的工作组织方式。企业内部创新人员之间建立起良好的信任关系，在创新人员中通过创新观念与创新经验的分享，在企业各部门间迸发更多的创新观念。此外，良好的信任关系也有利于企业与外部创新主体的深层次交流，在网络创新主体间激发大量具有实用性的创新观念。

2. 企业社会资本与创新资源

企业广泛的社会交往联系不仅拓宽了企业获取创新资源的渠道，而且提高获取大量的、有价值的创新资源的机会。其中，弱联系的关系主体由于关系主体之间的差异性程度比较高，关系主体各类创新资源的异质性程度较高，相互交往更能驱动企业创新。企业创新网络成员数量越多，联系交往越频繁，创新资源在合作网络中流动越多，就越可能从外部获得企业所需的异质性创新资源。企业内部创新人员间沟通可以提高企业内部的协同能力，促进企业创新资源在内部扩散，增强企业对外部创新资源的获取能力和吸收能力。由于创新资源存在异质性，企业内部之间以及内外部之间传递创新资源可能存在认知障碍，这将阻碍企业及时获取有价值的创新资源。对此，如果各类创新主体拥有共同的目标和理念，基于共同理解的规则不仅可以克服这种障碍，获取创新资源，而且在良好的合作中共享有价值的创新资源，降低道德风险，从而提高企业对创新资源的获取能力和吸收能力。

3. 企业社会资本与整合能力

企业创新网络合作共享的创新资源是企业创新资源的重要组成部分。

创新网络成员的沟通交流促使创新资源在企业内外部组织间产生互动，模糊组织之间的界限，这有利于实现跨企业组织的协作创新。这种跨企业组织的交流程度越高，企业内外部网络成员间的协调能力就越强，协作创新效率就越高。企业内外部网络成员间的交流沟通提高了企业创新资源交流的有效性，促进创新资源通过各种途径进行转移和流动，实现创新资源在创新网络成员间的充分利用；同时，企业内外部网络成员间的交流沟通也提高创新网络成员间企业对创新资源的交换能力与整合能力（见图 4.9）。

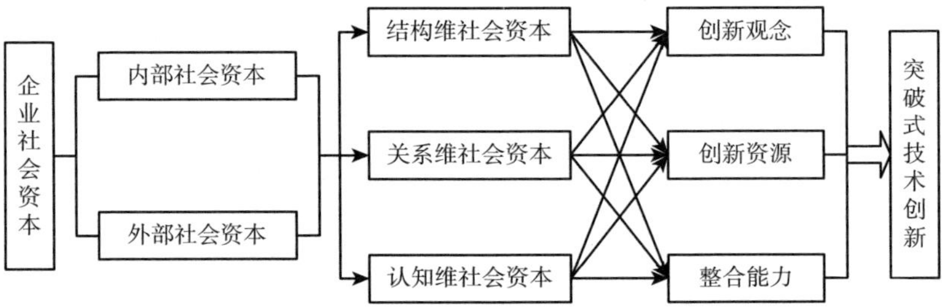

图 4.9　企业社会资本对企业突破式技术创新的影响机制

第三节　本章小结

本章主要阐述高端装备制造业突破式技术创新的影响因素，分析高端装备制造业突破式技术创新的影响机理。首先，从突破式技术创新的共性出发，提出影响高端装备制造业突破式技术创新的主要因素，具体把它们归纳为高端装备制造企业知识学习吸收、技术研究开发、技术商业化和创新资源投入四个方面。其次，通过构建理论模型，诠释这些主要因素对高端装备制造业突破式技术创新的影响机制。一是分析知识学习吸收对高端装备制造企业突破式技术创新的影响机制，重点研究了知识学习对企业突破式技术创新的影响机理，以及知识吸收对企业突破式技术创新的影响机理。二是剖析技术研究开发对高端装备制造企业突破式技术创新的影响机制，重点剖析了突破式技术创新的正向自主研发机制，以及顾客参与下的技术共同研发对突破式技术创新的影响机制。三是解析技术商业化对高端装备制造企业突破式技术创新的影响机制，重点解析技术商业化对突破式技术创新的影响机制，并通过构建模型研究突破式技术创新的商业化应用机制。四是研究创新资源投入对高端装备制造企业突破式技术创新的影响机制，重点研究人力资源投入对突破式技术创新的影响机制，以及社会资本投入对突破式技术创新的影响机制。五是通过分析这些因素对高端装备制造企业突破式技术创新的影响机理，构建高端装备制造业突破式技术创新影响机制的新理论分析框架，揭示了这些关键因素影响高端装备制造业突破式技术创新的内在机制。

第五章　中国高端装备制造业发展现状分析

通过理论分析高端装备制造业突破式技术创新的影响机制，进一步从实证的视角分析中国高端装备制造业的发展现状。高端装备制造业是装备制造业中技术含量高、附加值高的的高端制造领域，也是处于价值链和产业链核心部位的产业。然而，中国高端装备制造业总体发展状况如何，中国高端装备制造业自主研发状况如何，以及支持高端装备制造业发展的政策又是如何。对此，本书将重点分析中国高端装备制造业总体发展现状，并且按其行业划分，具体分析中国航空装备制造业、卫星制造与应用业、轨道交通设备制造业、海洋工程装备制造业、智能制造装备业等重点行业的发展现状。在此基础上，进一步阐述中国高端装备制造业自主研发的现状，并深入分析中国高端装备制造业发展的政策现状。

第一节　中国高端装备制造业发展现状

一、中国高端装备制造业总体规模

近年来，中国高端装备制造业产业规模和盈利能力不断上升。据统计数据显示，根据《智能制造发展规划（2016—2020）》，2015 年中国高端装备制造业销售收入达到6万亿元，2016年中国高端装备制造业销售收入为7.6万亿元，2017年末中国高端装备制造业销售收入达到9万亿元，占装备制造业比重的15%。2018年中国高端装备制造业销售收入达到10.8万亿元，2018～2022年五年平均增长率约为17.66%，预计到2022年中国高端装备制造业销售收入将达到20.7万亿元，约占装备制造业比重的25%，[①] 具体数据指标如图5.1所示。

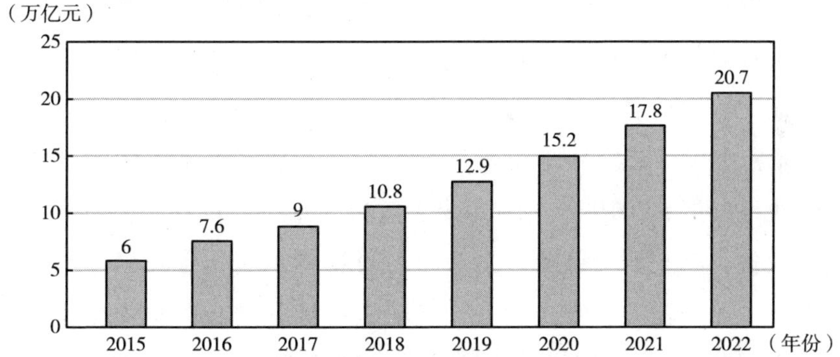

图5.1　2015～2022年中国高端装备制造业销售收入及预测

资料来源：前瞻产业研究院：《高端装备制造业发展现状分析产业双资平台迎合时代所需》，2018年。

高端装备制造业发展模式主要有“需求—创新”模式、“引进—吸收—再创新”模式和“引进—落后—再引进”模式。其中，“需求—创新”模式是根据市场需求，依托先进科技进行产品自主创新制造的一种模式，美国等发达国家较多采用这种模式。而“引进—吸收—再创新”模式是通过引进世界先进技术，消化吸收该技术，再进行技术创新和拓展运用的一种产业发展模式，日本等较发达国家多采用这种模式。“引进—落后—再引进”模式则是依赖引进国外先进技术，进行产品生产，一直到该技术生产的产品不再适应市场需求时，再引进更先进技术以维持产业发展的一种模

① 数据源自中投投资咨询网。

式。科技原创能力低的发展中国家一般采用这种发展模式，主要通过反复引进新技术作为技术支撑的主要来源，而缺乏自主研发创新。

二、中国高端装备制造行业发展现状

基于行业视角的高端制造业是指制造业中具有技术含量高、附加值高、竞争力强的新兴制造行业，一般处于制造业价值链和产业链的高端环节。按行业划分，高端装备制造业可分为航空装备制造业、卫星制造与应用业、轨道交通设备制造业、海洋工程装备制造业、智能制造装备业五大重点领域。近几年，中国高端装备制造业五大重点领域都取得较好、较快地发展，2019 年中国高端装备制造业中，轨道交通设备、锂电池制造设备、航空航天设备、工业激光设备等高端装备的国际竞争力逐步增强，工业机器人、激光设备、高端机床等一批高端装备企业相继出现，自主创新能力不断提升，高端装备制造业进入进口替代和快速推广的阶段。高端装备制造业成为国家产业重点发展的对象，未来发展空间巨大。

1. 轨道交通设备制造行业

近年来，中国轨道交通装备制造业发展迅速，高速动车组和机车取得举世瞩目的成绩，轨道交通装备制造业已经形成自主研发、配套完整、规模经营的轨道交通装备制造体系。随着中国经济发展进入常态化，中国铁路运输需求和城镇化率要求进一步提高，基础投资建设有望进一步提升，这将倒逼轨道交通装备制造业进一步快速发展。轨道交通固定资产投资主要分为基本建设投资、交通设备购置以及更新改造三大部分，其中交通设备购置包括动车组、机车和车厢等交通设备。随着大规模轨道交通基础建设的完工交付，铁路设备需求将大幅提升。2011 ~ 2018 年，中国动车组和城轨车辆均呈现高速增长的态势，动车组复合增长率为 21.17%，城轨车辆复合增长率为 19.20%（见图 5.2）。

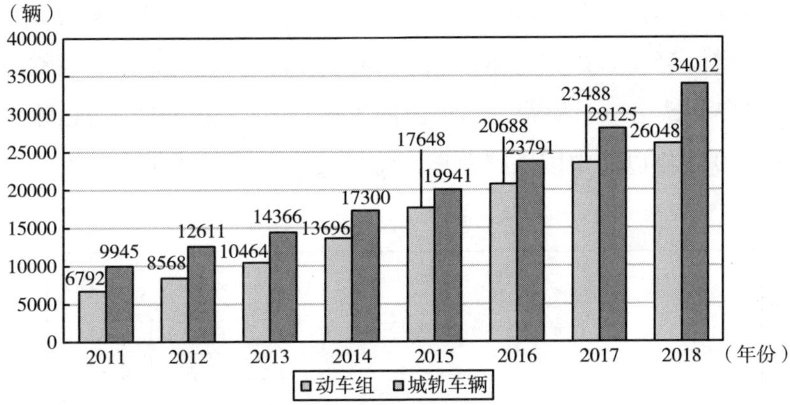

图 5.2　2011～2018 年动车组和城轨车辆数量

资料来源：前瞻产业研究院：《高端装备制造业发展现状分析产业双资平台迎合时代所需》，2018 年。

（1）中国铁路行业发展情况。2018 年中国铁路营业里程达到 13.1 万公里，同比增长 3.15%；其中，高速铁路营业里程达到 2.9 万公里，同比增长 16%。到 2020 年中国铁路总里程达到 15 万公里，其中高铁里程 3 万公里；2025 年铁路总里程达到 17.5 万公里，其中高铁总里程达到 3.8 万公里；预计到 2030 年实现铁路总里程达到 20 万公里，高铁里程突破 4.5 万公里（见图 5.3）。

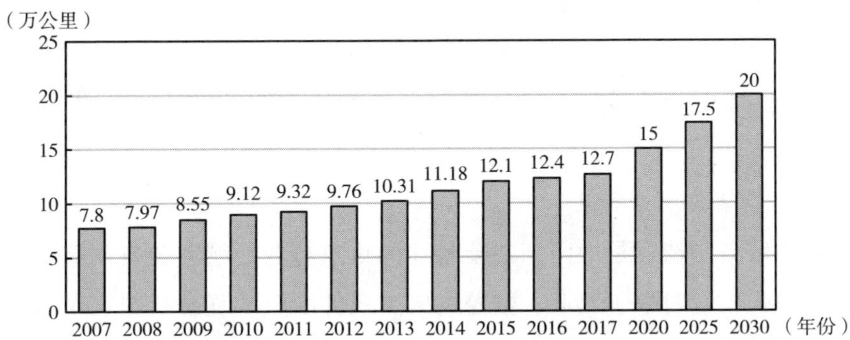

图 5.3　2007～2030 年中国铁路营业总里程

资料来源：前瞻产业研究院：《高端装备制造业发展现状分析产业双资平台迎合时代所需》，2018 年。

（2）中国高铁行业发展概况。2018 年中国高铁营业里程实现 2.9 万公里，同比增长 16%，中国基本建成“四纵四横”高速铁路网，高铁总里程数位居世界高铁第一。随着中国经济的发展，人口流动和货物运输需求不断增加，2020 年以后中国铁路总里程将继续扩张（见图 5.4）。

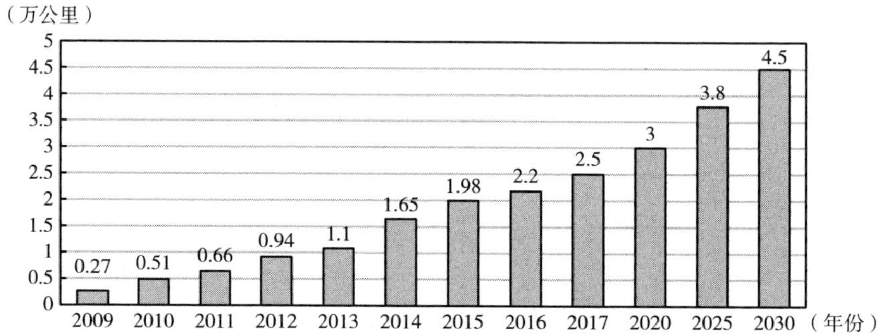

图 5.4　2009～2030 年中国高铁营业总里程

资料来源：前瞻产业研究院：《高端装备制造业发展现状分析产业双资平台迎合时代所需》，2018 年。

（3）中国城市轨道交通发展情况。随着城市化推进和城市规模扩大，城市轨道交通在城市公共交通中的作用越来越大。2017 年中国轨道交通客运总量达到 184.30 亿人次，占比为 21.76%。由于城轨运输的高效率，未来城轨的作用会越来越大，城轨客运量占公共交通客运总量的比重越来越高。目前，开通城市轨道交通城市逐年增加，2018 年底中国有 35 个城市开通城轨交通运营服务，开通 185 条城轨交通线路（见图 5.5）。

2. 航空装备制造行业

航空装备制造业是中国高端装备业的重点行业，航空装备制造业带动能力比较强，它对电子工业、数控机床、锻件冶金、复合材料、仪器仪表等产品需求巨大。由于航空装备制造业对电子工业、数控机床、锻件冶金、复合材料、仪器仪表等带动能力比较强，大力发展航空装备制造业是中国实现制造强国的战略重点。2018 年中国航空机载设备系统行业的市场

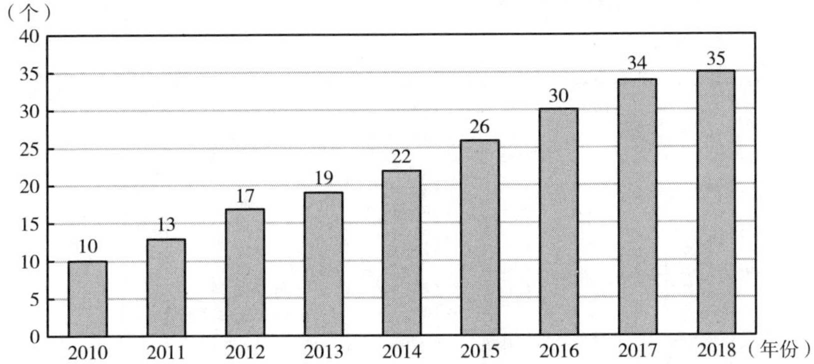

图 5.5　中国开通城轨运营服务的城市数量

资料来源：前瞻产业研究院：《高端装备制造业发展现状分析产业双资平台迎合时代所需》，2018 年。

规模约为 681 亿元，同比增长 15%，在 2010～2018 年其市场规模复合增长率达 17. %（见图 5.6）。

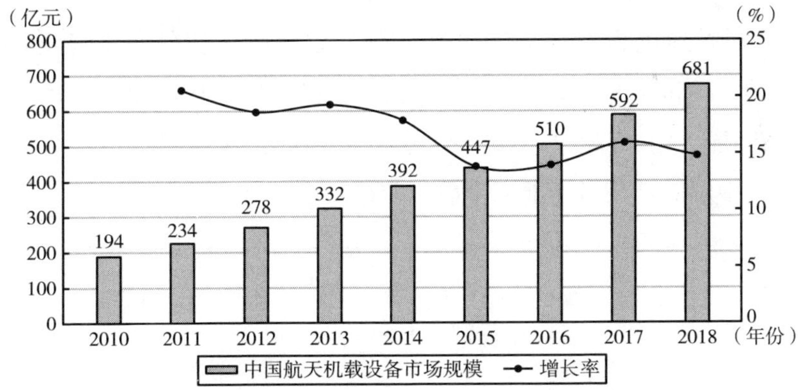

图 5.6　2010～2018 年中国航空机载设备市场规模

资料来源：前瞻产业研究院：《2020－2025 年中国卫星应用行业市场前瞻与投资战略规划分析报告》，2019 年。

中国民航市场空间巨大，国产民用飞机数量逐渐壮大。2018 年底国内民航运输机队规模达到 3615 架，较 2017 年底增加了 319 架，同比增长

9.7%。2012～2018 年中国民航运输飞机数量及增长率（见图 5.7）。

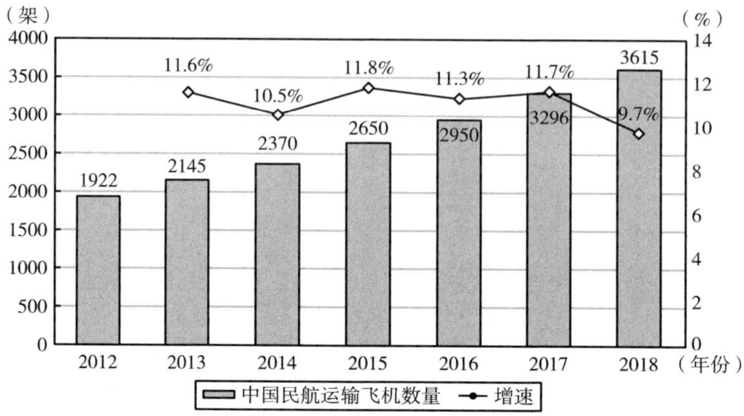

图 5.7　2012～2018 年中国民航运输飞机数量及增速

资料来源：前瞻产业研究院：《2020－2025 年中国卫星应用行业市场前瞻与投资战略规划分析报告》，2019 年。

根据《中国制造 2025》路线图，2018～2023 年，中国航空装备产业规模复合增长速度为 15%。2018 年，预计中国航空装备产业营业收入超 5000 亿元，2020 年中国民用飞机营业收入将超过 1000 亿元，2025 年中国民用飞机营业收入将超过 2000 亿元，其复合增长速度超过 14%；预计到 2023 年，中国航空装备产业营业收入有望达到万亿元（见图 5.8）。

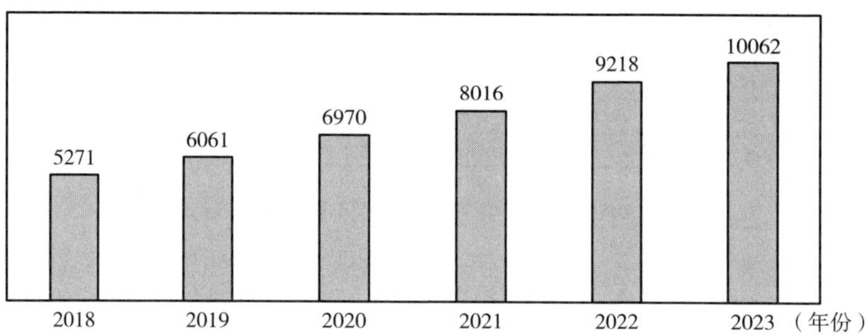

图 5.8　2018～2023 年中国航空装备行业规模预测（亿元）

资料来源：前瞻产业研究院：《2020－2025 年中国卫星应用行业市场前瞻与投资战略规划分析报告》，2019 年。

3. 卫星制造与应用行业

卫星应用产业包括卫星制造业、卫星发射服务业、地面设备制造业和卫星运营服务业等众多不同的领域，根据《中国卫星应用行业市场与投资规划分析报告》数据显示，卫星应用行业高速增长。2010～2018 年全球卫星应用产业保持逐年增长，2010 年和 2018 年全球卫星应用产业收入分别达到 1680 亿美元和 2774 亿美元，其中，2018 年卫星应用产业收入同比增长 3.28%，卫星应用产业收入占航天产业规模整体的 77%（见图 5.9）。

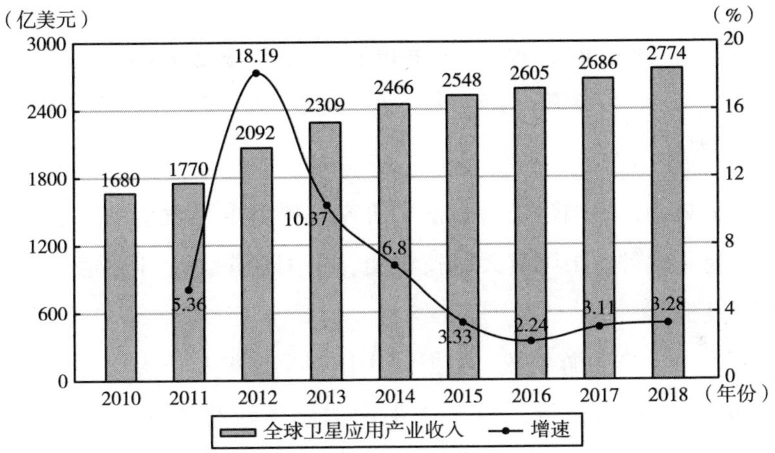

图 5.9　2010～2018 年全球卫星应用产业收入统计及增长

资料来源：前瞻产业研究院：《2020－2025 年中国卫星应用行业市场前瞻与投资战略规划分析报告》，2019 年。

中国卫星应用业务具有较大的发展空间。根据《中国航天科技活动蓝皮书（2018）》数据显示，2018 年中国航天发射执行 39 次发射任务，发射次数占全球总数的 34%，创下历史新高，其中运载火箭发射次数超越美国。预计未来 5 年中国将发射卫星约 120 颗（见图 5.10）。

（1）在卫星制造和发射领域，中国企业竞争力较强，能够完成整星出口和发射任务。中国航天科技集团、上海航天技术研究院、中国卫星等企

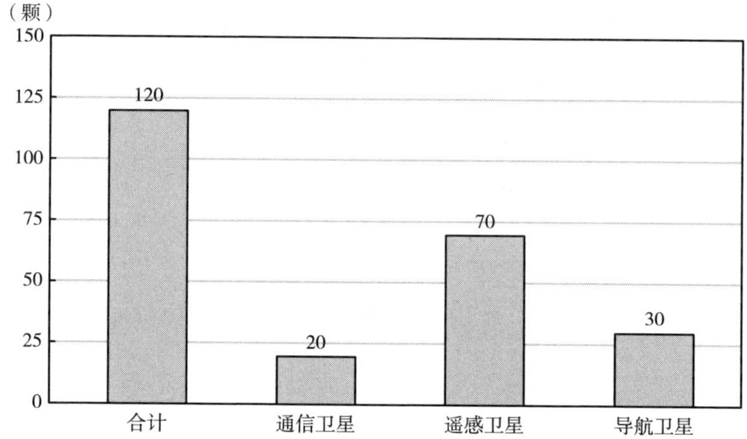

图 5.10　2019～2024 年中国计划发射卫星数量预测

资料来源：前瞻产业研究院：《2020－2025 年中国卫星应用行业市场前瞻与投资战略规划分析报告》，2019 年。

业完成卫星制造，中国运载火箭技术研究院提供卫星发射的控制系统、遥测系统等配套设备；中国航天科技集团、中国卫星、北斗星通等企业提供卫星地面设备。

（2）在产业链中游领域，根据《中国卫星导航与位置服务产业发展白皮书（2019）》数据显示，2018 年中国卫星导航与位置服务规模产值达 3016 亿元，与 2017 年相比，增长 18.3%；由卫星导航衍生带动形成的关联产值达 1947 亿元，重点分布在中国京津冀地区、长三角地区、珠三角地区、华中地区和西部地区。其中，珠三角地区是中国卫星导航设备的主要生产制造基地，是集芯片、终端、关键元器件制造为一体的卫星装备产业集聚区（见图 5.11）。

（3）在产业下游领域，2020 年北斗应用市场规模约达 2 万亿元。根据《中国卫星导航与位置服务产业发展白皮书（2019）》显示，北斗系统已广泛应用于交通、海事、电力、民政、气象、渔业、测绘、矿产、农业、林业、水利等行业领域。基于北斗的导航服务也被电子商务、移动智能终端制造、位置服务等厂商采用，北斗应用服务已广泛进入大众消费、共享经济领域，

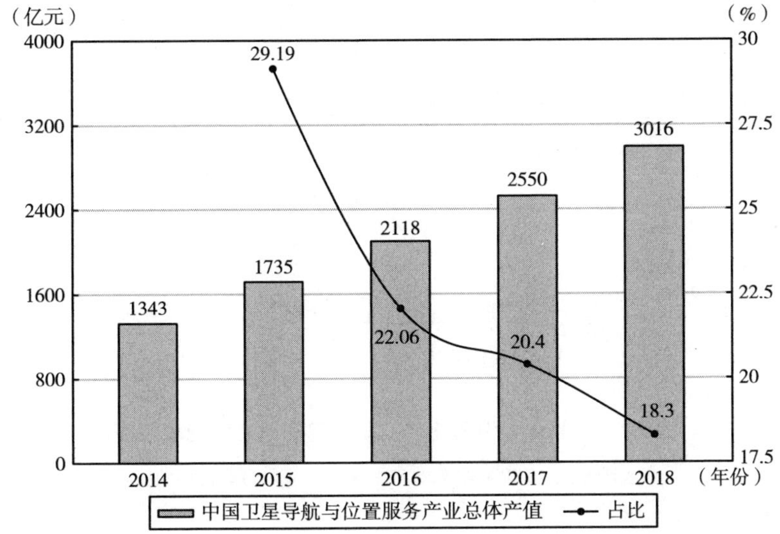

图 5.11　2014～2018 年中国卫星导航服务产业产值及增长

资料来源：前瞻产业研究院：《2020－2025 年中国卫星应用行业市场前瞻与投资战略规划分析报告》，2019 年。

深刻改变人们的生产生活方式。随着新一代信息技术、大数据、云计算等新技术的发展，作为信息感知采集的关键技术，北斗已在智能交通运输建设、物流跟踪、精准农业建设、城市综合安防建设和智慧城市建设中发挥重要作用。2020 年北斗应用市场规模预计超过 2 万亿元（见图 5. 12）。

4. 中国海洋工程装备制造行业

发展海洋经济已成为中国的国家发展战略，国务院发布《全国海洋主体功能区规划》，要求实施海洋强国战略，提高海洋资源开发能力，开发海洋资源，促进海洋工程装备制造业发展。结合《中国制造 2025》，中国出台船舶工业专项规划，重点扶持高技术船舶、海洋工程装备及关键配套设备，并出台推动船舶兼并重组、高技术船舶“走出去”等政策，进入世界海洋工程装备制造先进国家行列。开发利用海洋资源有利于海洋工程装备制造业发展，根据《2016－2021 年中国海洋工程装备制造行业市场需求预测与战略规划分析报告》显示，2018 年中国海洋经济总量达 8. 3 万亿

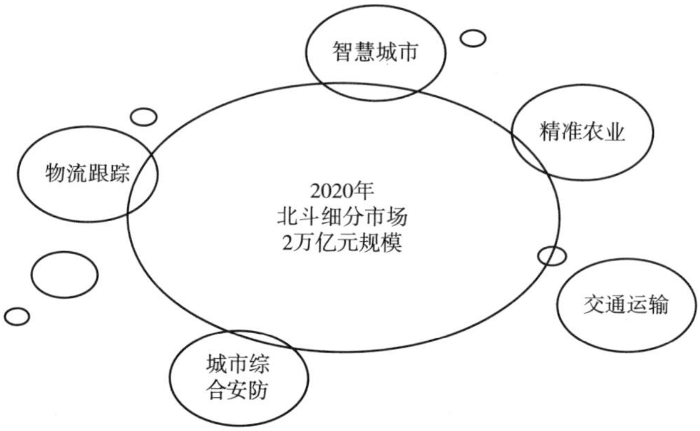

图 5.12　2020 年中国北斗卫星应用细分市场规模预测

资料来源：前瞻产业研究院：《2020－2025 年中国卫星应用行业市场前瞻与投资战略规划分析报告》，2019 年。

元，同比增长 6.7%。海洋生产总值占国内生产总值的 9.3%。在海洋强国战略和“一带一路”倡议的共同推动下，中国海洋船舶工业走向深入，海工装备制造业新接订单居世界首位（见图 5.13），中国海洋经济正在经历从高速发展到高质量发展的转变。

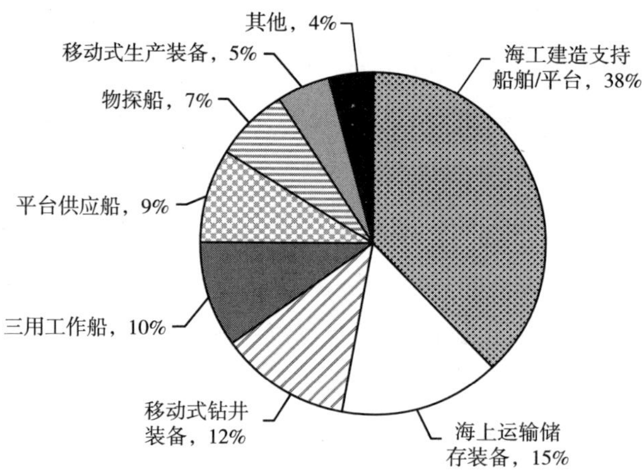

图 5.13　海工装备新接订单金额占比

资料来源：前瞻产业研究院：《高端装备制造业发展现状分析产业双资平台迎合时代所需》，2018 年。

5. 智能制造装备行业

智能化高端装备是推动工业转型升级的关键引擎，中国高度重视智能制造装备产业发展，2018 年将智能制造装备产业纳入战略性新兴产业。2020 年智能制造装备产业销售收入超过 3 万亿元，国内市场占有率超过 60%，成为最具有国际竞争力的先导产业。目前中国智能制造装备业已经形成完善的产业链，包括机器人与增材设备制造、重大成套设备制造、智能测控装备制造、智能关键基础零部件和智能制造相关服务等方面，智能化高端装备市场份额高，关键基础零部件份额提升，实现装备智能化及制造过程的自动化、集成化和信息化的发展趋势。根据调查发现，中国工业企业智能制造重点部署领域为：数字化工厂和设备及用户价值深挖分别部署 65% 和 63%、工业物联网和重构商业模式分别部署 49% 和 38%、人工智能部署 23%。从相关技术来看，受访工业企业关注的技术包括工业软件、传感器技术、通信技术、人工智能、物联网、大数据分析等（见图 5.14）。

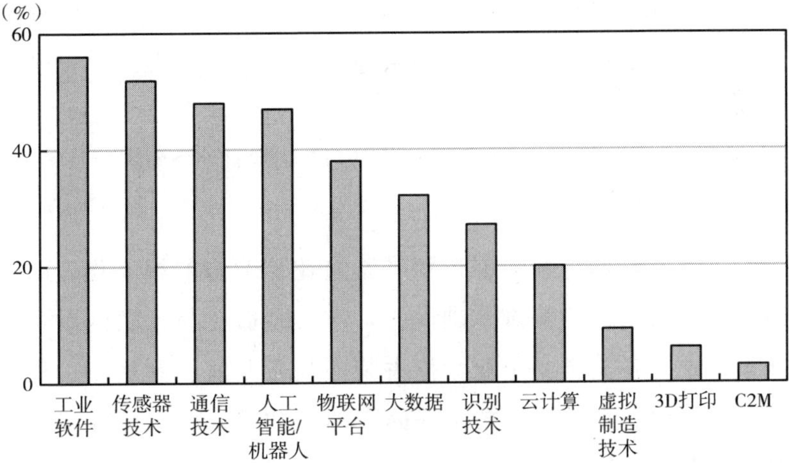

图 5.14　企业关注的技术部署领域

资料来源：前瞻产业研究院：《2020－2025 年中国卫星应用行业市场前瞻与投资战略规划分析报告》，2019 年。

（1）工业机器人。随着中国工业机器人国产化进程的加速，中国工业机器人发展较快，约占全球市场份额1/3，连续六年成为全球第一大应用市场。2018年，中国工业机器人产量达到14.8万台，占全球产量的38%以上。根据中国电子学会数据显示，2019年上半年全球机器人市场规模达144亿美元，其中，中国机器人市场规模达42.5亿美元，占比达到29.5%，在全球仍扮演着重要角色（见图5.15）。到2030年，中国将有1400万机器人被投入使用，在世界上处于领先地位。

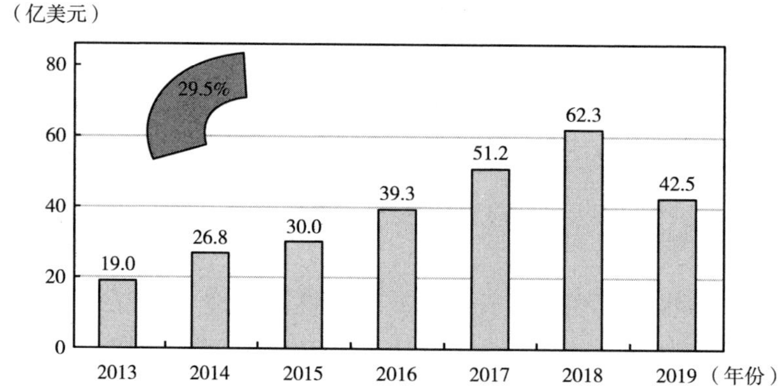

图5.15　2013～2019年中国工业机器人市场规模

注：2019H1为2019年上半年。

资料来源：前瞻产业研究院：《2020－2025年中国卫星应用行业市场前瞻与投资战略规划分析报告》，2019年。

（2）工业互联网。智能制造促进制造业价值链的智能化，而工业互联网是实现智能制造的关键基础设施。作为制造业与互联网融合发展的重要抓手，中国各类产业企业为抢占装备制造业发展制高点，积极布局工业互联网平台，在政策、技术等因素的推动下，中国已经出现一批工业互联网平台。2018年中国工业互联网进入了实质发展阶段，工业互联网市场规模达到5313亿元，预计到2020年市场规模将达到万亿量级（见图5.16）。

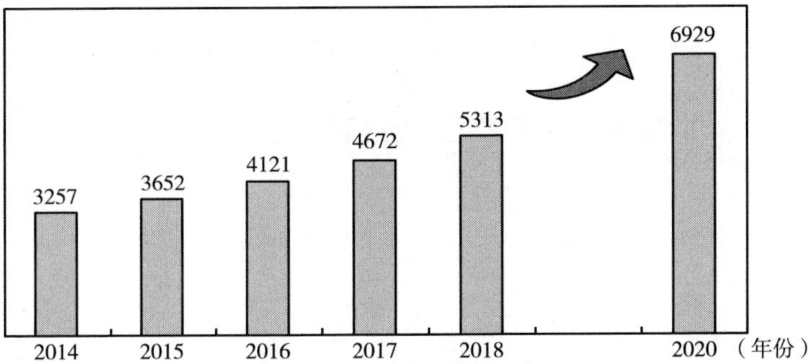

图 5.16 2014～2020 年中国工业互联网市场规模及预测（亿元）

资料来源：前瞻产业研究院：《2020－2025 年中国卫星应用行业市场前瞻与投资战略规划分析报告》，2019 年。

（3）人工智能。近年来中国人工智能产业发展迅速，中国人工智能迈向了 2.0 阶段。新一代人工智能技术与制造业实体经济的深度融合，催生智能装备、智能工厂、智能服务等应用，创造出一些新需求、新产业、新业态，2018 年，中国人工智能产业市场规模已达到 415.5 亿元。2015～2018 年中国人工智能产业规模复合平均增长率为 54.6%，高于 36% 的全球平均水平。其中，企业技术集成与方案提供、关键技术研发和应用平台两个应用领域据发展快速，这两个领域企业数占比分别达到 15.7% 和 10.5%（见图 5.17）。

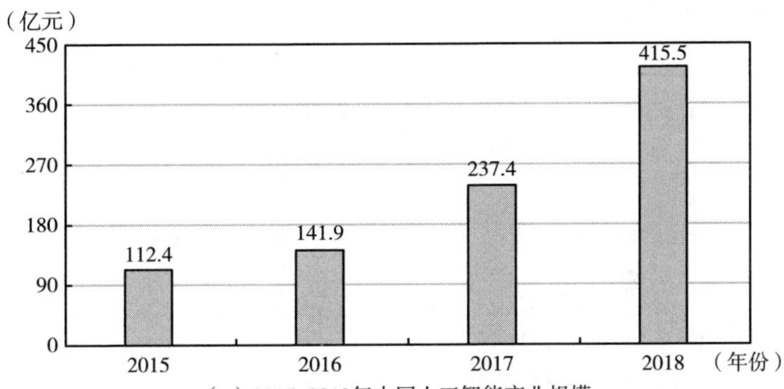

（a）2015~2018年中国人工智能产业规模

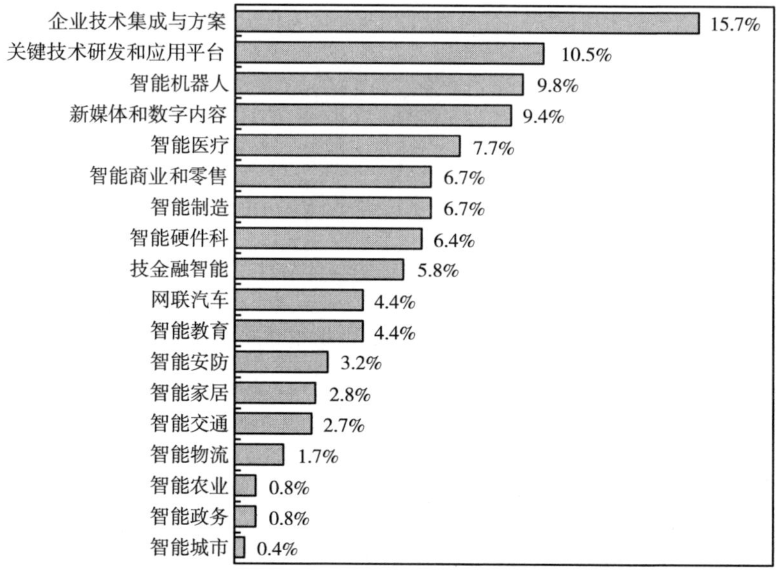

（b）中国人工智能企业应用领域分布

图 5.17　中国人工智能产业规模和企业应用领域分布

资料来源：前瞻产业研究院：《2020－2025 年中国卫星应用行业市场前瞻与投资战略规划分析报告》，2019 年。

（4）智能制造系统解决方案。供应商智能制造系统解决方案对推进智能制造过程起到重要的作用。中国实施智能制造以来，逐步形成智能制造的顶层规划、试点示范、标准体系。2018 年中国智能制造系统解决方案市场规模约为 1560 亿元，同比增长 21.9%。预计 2020 年中国智能制造系统解决方案市场规模约为 2380 亿元，同比增长 24.0%。随着数字化建设的持续推进，研发、物流、服务等相应环节的智能制造系统解决方案应用比例有所提升，柔性装配系统占比为 18%、加工环节数字化系统占比为 13%、智能输送系统占比为 10%、智能仓储系统占比为 9%以及企业资源计划（ERP）占比为 8%（见图 5.18）。

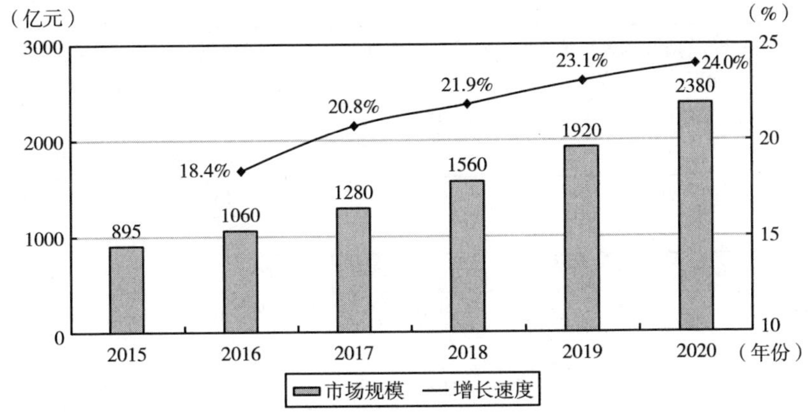

图 5.18　中国智能制造系统解决方案细分市场规模、增长速度及预测

资料来源：前瞻产业研究院：《2020－2025 年中国卫星应用行业市场前瞻与投资战略规划分析报告》，2019 年。

第二节　中国高端装备制造业自主研发现状

近年来中国高端装备制造业在政府政策支持下不断进行技术创新和技术改造，整体技术水平持续提升，开发出一大批具有自主知识产权的高端装备。为了促进中国高端装备制造业持续发展，中国高端装备制造业研发投入不断加大。中国高端装备制造业 R&D 经费内部支出从 2006 年的 456 亿元增长到 2018 年 3559 亿元，年平均增长率为 52.3%；中国高端装备制造业 R&D 活动人员折合全时当量 2006 年为 188987 人年，2018 年达到 852467 人年，年平均增长率为 27%；2018 年有效发明专利数为 425137 件。表 5.1 列出 2006～2018 年中国高端装备制造业 R&D 活动人员折合全时当量（人年）、R&D 经费内部支出（亿元）和有效发明专利数的变化情况。

表 5.1　2006～2018 年中国高端装备制造业 R&D 情况

年份	R&D 活动人员折合全时当量（人年）	R&D 经费内部支出（亿元）	有效发明专利数（件）	R&D 经费内部支出增长率（%）
2006	188987	456	8141	—
2007	248228	545	13386	19.52
2008	264677	655	23915	20.18
2009	332936	783	39721	19.54
2010	399075	967	50166	23.49
2011	511175	1440	82240	48.91
2012	623249	1733	115799	20.34
2013	670222	2034	138785	17.36
2014	701440	2274	180601	11.79
2015	720000	2520	229728	10.82
2016	730681	2915	316694	15.67
2017	747310	3183	379615	9.19
2018	852467	3559	425137	11.81

2018 中国统计年鉴显示中国高端装备制造业 R&D 经费支出占工业总产值不到 1%，这可以看出，一方面中国高端装备制造业自主创新在稳步提升，R&D 经费投入从整体上呈现不断提高的态势，自主创新的有效发明专利数也在增多；另一方面，结合发达国家的数据，中国高端装备制造业 R&D 经费投入水平相对较低，与发达国家还存在较大差距。尽管中国企业自主研发投资和政策支持不断增强，但中国自主创新能力薄弱，原创技术及基础研究较少，中国自主品牌的高端装备制造业核心竞争力不强，在高端电力装备、工程机械、数控机床等领域的关键芯片、新型传感、先进控制严重受制于人，关键技术及核心部件依赖进口。在新技术和新产品的研发上，多数仍跟国外先进企业的技术存一定的差距。根据中国机械工业联合会数据，中国高端装备制造业中，80% 集成电路芯片制造装备依靠进口、40% 大型石化装备依靠进口、70% 汽车制造关键设备仍然依靠进口。虽然中国装备自给率达到 85%，但主要集中在中低端领域（见图 5.19）。

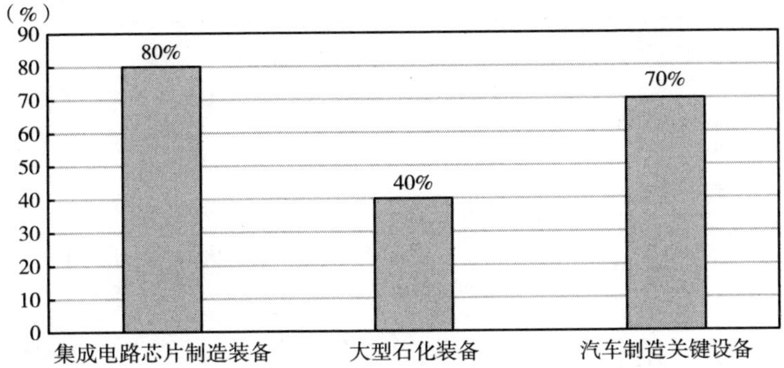

图 5.19 中国高端装备制造业依赖进口占比情况

第三节 中国高端装备制造业发展的政策现状

高端装备制造业是不同国家先进制造业的基石。以重振制造业为核心，中国在 2015 年提出《中国制造 2025》战略，美国、德国、日本、英国等发达国家纷纷颁布一系列智能制造业发展战略，提出并实施“再工业化”国家战略。具体而言，为实现制造业的智能化，美国在 2009 年提出“再工业化计划”，主要目的是维持美国制造业在价值链上处于高端。为应对制造业第四次工业革命，德国在 2013 年提出“工业 4.0”计划，以组建智能化的工业制造系统。为促进经济持续增长，应对全球竞争时代，日本在 2015 年提出“新机器人战略”，以“智能制造系统”为核心，通过科技服务创造新价值。英国在 2014 年提出“高价值制造”战略，通过应用智能化技术知识，创造高经济价值的产品和相关服务。韩国在 2009 年提出“新增长动力规划及发展战略”，重点推进数字化工业设计和制造业数字化协作建设，加强智能制造基础开发。中国在 2015 年提出《中国制造 2025》，通过“三步走”实现制造强国的战略目标，出台顶层政策和细节政策，并制定了相应规定（见表 5.2）。

表 5.2　　　　中国高端装备制造业强国相关政策

年份	文件名称	主要内容
2015	《中国制造 2025》	到 2020 年和 2025 年，制造业重点领域智能化水平从显著提升到全面实现智能化，试点示范项目运营成本降低 30% ~50%
2015	《关于积极推进“互联网+”行动的指导意见》	以智能工厂为发展方向，开展智能制造试点示范，推动云计算、物联网、智能工业机器人等技术的生产应用，推进生产装备智能化升级
2016	《装备制造业标准化和质量提升规划》	到 2020 年，基本完善智能制造等重点领域标准体系，质量安全标准与国际标准接轨，国际标准转化率力争达到 90% 以上
2016	《智能制造发展规划(2016—2020 年)》	到 2020 年，智能制造发展基础明显增强，基本实现传统制造数字化改造；到 2025 年基本建立智能制造支撑体，重点产业实现智能转型
2016	《智能硬件产业创新发展专项行动（2016—2018 年)》	到 2018 年，中国智能硬件产业规模超过 5000 亿元。虚拟现实、智能人机交互等关键技术取得明显突破，智能硬件标准化及公共服务达到国际先进水平
2017	《新一代人工智能发展规划》	到 2020 年，人工智能标志性产品取得突破，并形成国际竞争优势
2017	《高端智能再制造行动计划（2018—2020)》	到 2020 年，推动建立 100 家高端智能再制造示范企业、技术研发中心等平台，实现制造产业规模达到 2000 亿元
2018	《工业互联网发展行动计划》	到 2020 年底建成工业互联网基础设施和产业体系，建成国家顶级标识解析节点 5 个，培育工业 App 超过 30 万个
2018	《国家智能制造标准体系建设指南（2018 年版)》	到 2019 年，累计修订 300 项以上智能制造关键技术标准，建立起较为完善的智能制造标准体系
2016	《机器人产业发展规划(2016—2020 年)》	到 2020 年，达到年产量 10 万台自主品牌工业机器人，5 万台六轴及以上工业机器人
2016	《智能硬件产业创新发展专项行动（2016—2020 年)》	到 2018 年，中国智能硬件全球市场占有率超过 30%，产业规模超过 5000 亿元。明显突破智能物联、虚拟现实、智能人机交互等关键技术环节
2017	《新一代人工智能发展规划》	构筑中国人工智能发展的先发优势，建设创新型国家和世界科技强国

续表

年份	文件名称	主要内容
2018	《工业互联网发展行动计划（2018—2020年）》	建设制造强国和网络强国，打造先进网络基础设施和标识解析体系，发展工业互联网平台体系，突破核心技术，初步形成工业互联网体系
2018	《高端智能再制造行动计划（2018—2020年）》	落实《中国制造2025》和《绿色制造工程实施指南》，推动高端智能再制造产业发展，提升机电产品再制造技术水平
2018	《工业互联网App培育工程实施方案》	培育30万个特定工业App，突破一批工业技术软件化共性关键技术，构建工业App标准体系，培育一批具有国际竞争力的工业App企业

第四节　本章小结

本章主要阐述中国高端装备制造业总体发展现状，并根据中国高端装备制造业细分行业，重点分析中国轨道交通设备制造业、航空装备制造业、卫星制造与应用业、海洋工程装备制造业、智能制造装备业等重点行业的发展现状。轨道交通设备制造业具体分析了中国铁路行业、高铁行业、城市轨道交通等发展状况；航空装备制造业具体分析中国航空装备产业规模、航空装备产业营业收入、民用飞机营业收入等发展状况；卫星制造与应用业具体分析在卫星制造和发射领域、卫星导航设备产业链中游和下游领域状况；海洋工程装备制造业重点分析海洋工程装备制造业规模、高技术船舶、海洋工程装备及关键配套设备等状况；智能制造装备业主要分析智能制造装备产业总体规模、工业机器人、工业互联网、人工智能和智能制造系统解决方案等状况。在此基础上，本章进一步阐述中国高端装备制造业自主研发的现状，并分别分析主要发达国家高端装备制造业的发展战略和中国高端装备制造业发展的政策现状。

第六章　中国高端装备制造业的国际竞争力比较

为了加快经济发展，发达国家纷纷提出了各种制造业升级战略，尤其对以高新技术为引领，处于价值链高端环节的高端装备制造业提出各种发展战略。对中国而言，中国实施制造强国和“一带一路”倡议，必须发展高端装备制造业，提升高端装备制造业竞争力。然而，中国高端装备制造业发展竞争力如何，与发达国家高端装备制造业相比差距如何，如何提升中国高端装备制造业竞争力，高端装备制造业竞争力的影响因素又有哪些，探索并解决这些问题对于中国促进高端装备制造业技术创新和突破式发展，对实现供给侧改革和《中国制造 2025》战略，均具有十分重要的意义。未来各国高端装备制造业发展既存在紧密合作又存在激烈竞争，“十四五”规划时期是中国高端装备制造业发展的关键时期，只有找到中国高端装备制造业与发达国家高端装备制造业的差距，从根源上采取更有针对性的具体措施，才能在较短时间内实现突破式技术创新与发展。

第一节　高端装备制造业国际竞争力的比较

本书参照高端装备制造业分类，使用联合国商品贸易统计数据库（Comtrade）的资料，选取中国、美国、德国和日本四个国家高端装备制造业第七大类产品中的 14 项产品作为主要样本，考虑到样本数据的可得性和时效性，本书计算高端装备制造业国际竞争力以显示性比较优势指数（RCA）、显示性竞争优势指数（CA）、贸易竞争力指数（TC）和国际市场占有率（IMS）为主，选取样本时间年限为 2006 ~ 2018 年。

一、国际竞争力评价指标体系

在遵循指标科学性原则和可比性原则下，对中国、美国、德国和日本的高端装备制造业竞争力进行评价，国际竞争力的评价指标体系主要包括显示性比较优势指数、显示性竞争优势指数、贸易竞争力指数和国际市场占有率四个指标。

（一）显示性比较优势指数

显示性比较优势指数（RCA）反映了一个国家某一产业贸易的比较优势，主要以某一产业占该国出口的比重与该产业占世界贸易总额的比重来衡量，显示性比较优势指数较好反映一国家某一产业的出口与该产业世界平均出口的比较优势。用公式表示如下：

$$RCA_{ij} = (Y_{ij}/Y_{it})/(Y_{wj}/Y_{wt}) \tag{6-1}$$

其中，Y_{ij}和 Y_{it}分别表示 i 国第 j 种商品的出口额和全部商品服务出口总额，Y_{wj}和 Y_{wt}分别表示世界第 j 种商品出口额和世界商品出口总额。如果某产业 RCA 指数值大于 2.5，表示该产业具有极强的竞争优势；如果 RCA 指数值大于 1.25 且小于 2.5，则表示该产业竞争优势较强；如果 RCA 指数值大于 0.8 且小于 1.25，则表示该产业竞争优势中等；如果该产业国际竞争力较弱，则 RCA 指数小于 0.8。

（二）显示性竞争优势指数

显示性竞争优势指数（CA）是指该产业出口的比较优势与该产业进

口的比较优势的差额。显示性竞争优势指数的高低相应地反映了产业国际竞争力的强弱。具体公式如下：

$$CA_{ij} = RCA_{ij} - (Y_{ij}/Y_i)/(Y_{wj}/Y_w) \quad (6-2)$$

其中，Y_{ij}和Y_i分别表示i国第j产品的进口额与该国同时期的进口总额，Y_{wj}和Y_w分别表示世界市场上第j产品的进口额和同一时期世界的进口总额。如果$CA>0$或者$CA<0$时，则分别表示该产品具有国际竞争优势或国际竞争劣势；如果该产品没有国际竞争优势和竞争劣势，则CA为0。

（三）贸易竞争力指数

贸易竞争力指数（TC）是测度国际竞争力的常用指标，它表示一国出口贸易与进口贸易的差额占贸易总额的比重，用公式表示如下：

$$TC_{ij} = (E_{ij} - I_{ij})/(E_{ij} + I_{ij}) \quad (6-3)$$

其中，E_{ij}和I_{ij}分别表示为i国第j种商品的出口额和进口额。如果TC值大于0.75且小于1，则表示具有强贸易竞争力优势；如果TC值大于0且小于0.75，则表示具有弱贸易竞争力优势；如果TC值大于-0.75且小于0，则表示具有弱贸易竞争力劣势；如果TC值大于-1且小于-0.75，则表示具有强贸易竞争力劣势。

（四）国际市场占有率

国际市场占有率（IMS）是指一国的出口总额占世界出口总额的比重，可反映一国某产业国际竞争力。用公式表示如下：

$$IMS_{ij} = Y_{ij}/Y_{wj} \quad (6-4)$$

其中，Y_{ij}为i国第j种商品的出口额，X_{wj}为世界第j种商品出口总额。国际市场占有率越高，表示该国该产业的国际竞争力越强，反之则越弱。

二、四国高端装备制造业国际竞争力的整体比较

在收集和整理中国、美国、德国、日本四国高端装备制造业相关数据的基础上，测算四国高端装备制造业整体竞争力，并从整体上对四国高端装备制造业国际竞争力进行比较分析（见表6.1）。

1. 美国高端装备制造业国际竞争力整体上呈现下降趋势

从国际市场占有率指数看，美国高端装备制造业国际市场占有率从2006~2014年逐步下降，而2015~2018年略有回升；从贸易竞争力指数看，美国高端装备制造业贸易竞争力指数大部分为负值，处于竞争劣势；从显示性比较优势指数看，美国高端装备制造业显示性比较优势指数大于1.25，表明处于较强的比较优势；美国高端装备制造业2006~2010年以及2017~2018年显示性竞争优势指数大于0，表明处于显示性竞争优势，而2011~2016年显示性竞争优势指数小于0，表明处于显示性竞争劣势。

2. 德国和日本高端装备制造业国际竞争力呈现逐步上升态势

德国和日本高端装备制造业的国际市场占有率相对比较稳定。从贸易竞争力指数看，德国和日本高端装备制造业均处于弱优势，日本的弱优势较为明显。从显示性比较优势指数看，两国高端装备制造业均处于较强的比较优势，并且逐年一直在稳定上升。从显示性竞争优势指数看，两国高端装备制造业虽处于竞争优势，但具有较大差异性，德国总体水平相对较低，日本总体水平呈现逐步上升态势。

3. 中国高端装备制造业国际竞争力整体保持逐步增长态势

从四个指标看，中国高端装备制造业国际市场占有率逐年递增，显示性比较优势指数表明中国高端装备制造业具有较强的比较优势；显示性竞争优势指数大于零，表明中国高端装备制造业具有较强竞争优势；而从贸易竞争力指数看，中国高端装备制造业国际竞争力处于较弱优势水平。

表 6.1　　四国高端装备制造业国际竞争力指数

年份	IMS				TC				RCA				CA			
	美国	德国	日本	中国	美国	德国	日本	中国	美国	德国	日本	中国	美国	德国	日本	中国
2006	0. 14	0. 12	0. 08	0. 12	-0. 01	0. 13	0. 44	0. 24	1. 24	1. 26	1. 57	0. 92	0. 67	-0. 02	0. 84	0. 28
2007	0. 14	0. 12	0. 08	0. 14	0. 02	0. 20	0. 48	0. 29	1. 29	1. 21	1. 54	1. 07	0. 62	0. 10	0. 86	0. 36
2008	0. 12	0. 12	0. 08	0. 15	0. 03	0. 19	0. 50	0. 32	1. 32	1. 28	1. 65	1. 13	0. 58	0. 12	1. 03	0. 50
2009	0. 10	0. 12	0. 08	0. 18	-0. 18	0. 17	0. 50	0. 32	1. 32	1. 29	1. 65	1. 16	0. 31	0. 14	1. 03	0. 63
2010	0. 08	0. 11	0. 09	0. 20	-0. 21	0. 13	0. 54	0. 33	1. 33	1. 29	1. 71	1. 18	0. 28	0. 04	1. 10	0. 75
2011	0. 08	0. 11	0. 08	0. 19	-0. 23	0. 17	0. 53	0. 34	1. 34	1. 35	1. 85	1. 26	-0. 12	0. 15	1. 28	0. 80
2012	0. 09	0. 11	0. 08	0. 20	-0. 23	0. 21	0. 48	0. 36	1. 36	1. 42	1. 84	1. 28	-0. 14	0. 24	1. 23	0. 80
2013	0. 08	0. 11	0. 07	0. 20	-0. 25	0. 20	0. 42	0. 36	1. 36	1. 43	1. 72	1. 26	-0. 20	0. 23	1. 09	0. 75
2014	0. 08	0. 12	0. 08	0. 20	-0. 18	0. 20	0. 43	0. 37	1. 37	1. 43	1. 75	1. 35	-0. 17	0. 23	1. 10	0. 78
2015	0. 09	0. 12	0. 08	0. 21	-0. 06	0. 21	0. 44	0. 37	1. 37	1. 44	1. 77	1. 38	-0. 15	0. 24	1. 12	0. 80
2016	0. 10	0. 12	0. 09	0. 21	-0. 01	0. 22	0. 46	0. 38	1. 38	1. 44	1. 80	1. 45	-0. 13	0. 25	1. 15	0. 81
2017	0. 10	0. 11	0. 09	0. 22	-0. 03	0. 22	0. 45	0. 38	1. 38	1. 45	1. 81	1. 46	0. 15	0. 27	1. 16	0. 81
2018	0. 11	0. 12	0. 09	0. 23	-0. 02	0. 23	0. 46	0. 39	1. 39	1. 46	1. 81	1. 48	0. 21	0. 28	1. 18	0. 83

资料来源：根据联合国商品贸易数据库的数据（SITC Rev. 3）整理并计算。

从国际竞争力指标的横向比较看，中国高端装备制造业国际竞争力水平仍低于日本、美国。从显示性比较优势指数和显示性竞争优势指数两个指标看，美国高端装备制造业国际竞争力较强，中国国际竞争力较弱，德国和日本高端装备制造业国际竞争力均较强。从国际市场占有率看，中国国际市场占有率较大；从贸易竞争力指数看，中国与美国、德国相比，中国高端装备制造业处于较弱优势，但与日本相比，中国高端装备制造业则处于较弱劣势。

三、四国高端装备制造业国际竞争力细分行业的比较

为了进一步分析四国高端装备制造业国际竞争力的变动，本书分别根据轨道交通装备产业、智能制造装备产业、航空装备及卫星应用装备产业以及海洋工程装备产业四个细分行业进行测算比较。

（一）轨道交通装备产业国际竞争力比较

从显示性比较优势指数和显示性竞争优势指数看，美国轨道交通装备产业虽然具备中等竞争优势，但竞争优势逐渐变小；日本和德国轨道交通装备产业仍具有较强竞争优势，中国轨道交通装备产业竞争力逐步由劣势变为优势，竞争力稳定提高（见表6.2）。从国际市场占有率看，中国轨道交通装备业国际市场占有率逐步增大，美国、日本和德国三国轨道交通装备业国际市场占有率相对稳定；从贸易竞争力指数看，美国轨道交通装备业处于较弱劣势，中国、日本和德国三国轨道交通装备业处于较弱优势；但与日本相比，中国轨道交通装备业则处于较弱劣势。

（二）智能制造装备产业国际竞争力比较

对于智能制造装备产业，从表6.3的国际市场占有率看，美国、德国、

表 6.2　四国轨道交通装备产业国际竞争力指数

年份	IMS				TC				RCA				CA			
	美国	德国	日本	中国	美国	德国	日本	中国	美国	德国	日本	中国	美国	德国	日本	中国
2006	0.11	0.15	0.13	0.08	-0.10	0.23	0.60	-0.08	1.21	1.50	2.07	1.05	0.36	0.35	1.45	-0.28
2007	0.10	0.14	0.12	0.10	-0.11	0.24	0.59	-0.07	1.19	1.51	2.09	1.07	0.33	0.37	1.46	-0.36
2008	0.12	0.14	0.12	0.11	-0.11	0.23	0.58	-0.05	1.17	1.52	2.10	1.08	0.32	0.39	1.47	-0.50
2009	0.08	0.13	0.11	0.11	-0.12	0.24	0.59	-0.04	1.15	1.51	2.13	1.12	0.31	0.40	1.48	-0.63
2010	0.08	0.13	0.11	0.12	-0.13	0.23	0.60	-0.02	1.13	1.49	2.15	1.13	0.28	0.42	1.50	-0.75
2011	0.08	0.14	0.11	0.13	-0.13	0.22	0.61	0.04	1.14	1.51	2.16	1.15	0.25	0.39	1.53	0.01
2012	0.09	0.13	0.10	0.13	-0.14	0.21	0.62	0.10	1.10	1.52	2.17	1.18	0.24	0.38	1.55	0.12
2013	0.08	0.13	0.10	0.14	-0.15	0.22	0.62	0.13	1.09	1.53	2.18	1.20	0.21	0.37	1.60	0.15
2014	0.08	0.12	0.10	0.14	-0.15	0.21	0.63	0.17	1.07	1.53	2.20	1.22	0.19	0.35	1.61	0.18
2015	0.07	0.12	0.11	0.15	-0.16	0.22	0.63	0.18	1.07	1.57	2.22	1.25	0.18	0.36	1.62	0.20
2016	0.08	0.12	0.10	0.15	-0.17	0.23	0.62	0.20	1.08	1.58	2.24	1.26	0.16	0.35	1.65	0.21
2017	0.09	0.13	0.10	0.15	-0.17	0.24	0.61	0.22	1.09	1.59	2.27	1.28	0.15	0.34	1.66	0.22
2018	0.10	0.12	0.10	0.16	-0.18	0.25	0.61	0.23	1.09	1.60	2.29	1.30	0.13	0.34	1.68	0.24

资料来源：根据联合国商品贸易统计数据库（Comtrade）的数据（SITC Rev. 3）整理并计算。

表 6.3　　四国智能制造装备产业国际竞争力指数

年份	IMS				TC				RCA				CA			
	美国	德国	日本	中国	美国	德国	日本	中国	美国	德国	日本	中国	美国	德国	日本	中国
2006	0.14	0.13	0.13	0.06	0.04	0.45	0.76	0.02	1.66	1.54	2.43	1.64	0.79	0.80	2.05	-0.46
2007	0.13	0.14	0.12	0.07	0.11	0.47	0.78	0.03	1.58	1.52	2.36	1.67	0.81	0.78	1.96	-0.38
2008	0.13	0.14	0.12	0.08	0.13	0.48	0.79	0.05	1.53	1.56	2.33	1.68	0.83	0.75	1.99	-0.32
2009	0.12	0.15	0.11	0.10	0.18	0.50	0.80	0.07	1.62	1.59	2.15	1.70	0.87	0.82	2.03	-0.23
2010	0.12	0.14	0.10	0.11	0.21	0.52	0.82	0.03	1.63	1.60	2.18	1.72	0.90	0.84	2.10	-0.15
2011	0.13	0.13	0.10	0.12	0.23	0.53	0.83	0.04	1.65	1.63	2.20	1.76	0.92	0.85	2.12	0.04
2012	0.12	0.14	0.09	0.12	0.20	0.51	0.81	0.06	1.66	1.62	2.24	1.78	0.89	0.88	2.13	0.08
2013	0.11	0.15	0.11	0.13	0.19	0.50	0.78	0.07	1.63	1.65	2.32	1.76	0.87	0.90	2.18	0.11
2014	0.11	0.14	0.13	0.13	0.18	0.48	0.77	0.07	1.61	1.68	2.35	1.79	0.86	0.93	2.16	0.18
2015	0.10	0.14	0.14	0.13	0.16	0.46	0.75	0.09	1.59	1.70	2.42	1.82	0.84	0.94	2.22	0.21
2016	0.10	0.13	0.12	0.14	0.17	0.45	0.76	0.08	1.56	1.74	2.46	1.87	0.83	0.95	2.25	0.25
2017	0.10	0.13	0.11	0.14	0.15	0.45	0.73	0.09	1.55	1.77	2.55	1.91	0.87	0.97	2.31	0.27
2018	0.09	0.14	0.10	0.15	0.13	0.44	0.74	0.11	1.53	1.79	2.62	1.95	0.89	0.98	2.29	0.31

资料来源：根据联合国商品贸易统计数据库（Comtrade）的数据（SITC Rev. 3）整理并计算。

日本三国智能制造装备产业的国际市场占有率相对稳定，中国智能制造装备产业的市场份额逐渐增大。从贸易竞争力指数看，美国、德国和中国智能装备制造业处于较弱的竞争优势，而日本智能装备制造业处于较强的竞争优势。从显示性比较优势指数和显示性竞争优势指数看，中国、美国、德国、日本四国智能制造装备产业均有较强国际竞争力，日本智能制造装备产业相对更具有比较优势；相对于美国、德国，日本智能制造装备产业也更具有竞争优势，而中国智能制造装备产业则由竞争劣势逐步变为竞争优势。

（三）航空装备及卫星应用装备产业国际竞争力比较

根据表6.4的计算结果显示，中国航空装备及卫星应用装备产业国际竞争力提升相对显著，而美国、德国、日本各有不同。对于航空装备及卫星应用装备业，从国际市场占有率看，中国航空装备及卫星应用装备产业国际市场份额明显上升，美国国际市场份额有所下降，德国和日本国际市场份额相对稳定。从贸易竞争力指数看，美国、日本处于较弱劣势，而德国和中国处于较弱优势。从显示性比较优势指数看，中国航空装备及卫星应用装备产业具备极强优势，美国航空装备及卫星应用装备产业由较强优势转为中等优势，德国航空装备及卫星应用装备产业由中等优势转为较强优势；而从显示性竞争优势指数看，中国和德国具有航空装备及卫星应用装备产业具有竞争优势，美国和日本航空装备及卫星应用装备产业具有竞争劣势。

（四）海洋工程装备产业国际竞争力比较

对于海洋工程装备产业，从国际市场占有率看，美国、德国和日本国际市场占有率相对平稳，中国国际市场占有率呈现增长趋势。从贸易竞争力指数看，美国海洋工程装备产业处于较弱优势、德国处于较弱劣势，中国、日本均处于较强优势。从显示性比较优势指数看，中国海洋工程装备

表 6.4　四国航空装备及卫星应用装备产业国际竞争力指数

年份	IMS				TC				RCA				CA			
	美国	德国	日本	中国	美国	德国	日本	中国	美国	德国	日本	中国	美国	德国	日本	中国
2006	0.20	0.09	0.02	0.20	-0.04	-0.08	-0.44	0.52	2.34	0.99	0.36	2.52	1.09	-0.52	-0.84	1.45
2007	0.18	0.09	0.02	0.21	0.04	-0.01	-0.44	0.53	2.42	0.97	0.33	2.57	1.02	-0.50	-0.76	1.52
2008	0.17	0.10	0.02	0.22	0.06	0.02	-0.47	0.54	2.37	0.98	0.35	2.56	0.85	-0.46	-0.73	1.66
2009	0.15	0.11	0.02	0.24	-0.07	-0.01	-0.48	0.56	2.21	1.02	0.32	2.63	0.69	-0.44	-0.71	1.63
2010	0.09	0.10	0.02	0.25	-0.21	0.03	-0.50	0.53	1.92	1.06	0.31	2.65	-0.08	-0.39	-0.65	1.76
2011	0.09	0.09	0.01	0.25	-0.23	0.07	-0.52	0.54	1.84	1.10	0.29	2.76	-0.12	-0.32	-0.63	1.84
2012	0.09	0.09	0.01	0.27	-0.25	0.09	-0.55	0.54	1.76	1.11	0.30	2.82	-0.14	-0.24	-0.58	1.95
2013	0.08	0.10	0.01	0.28	-0.28	0.11	-0.54	0.56	1.45	1.13	0.32	2.79	-0.20	0.03	-0.54	1.78
2014	0.08	0.11	0.01	0.30	-0.31	0.09	-0.56	0.57	1.37	1.15	0.35	2.65	-0.27	0.05	-0.59	1.73
2015	0.07	0.10	0.01	0.31	-0.36	0.10	-0.55	0.58	1.25	1.17	0.34	2.68	-0.35	0.09	-0.61	1.80
2016	0.07	0.10	0.01	0.31	-0.41	0.12	-0.58	0.55	0.98	1.20	0.31	2.75	-0.33	0.04	-0.65	1.83
2017	0.08	0.11	0.01	0.32	-0.43	0.09	-0.61	0.53	0.93	1.23	0.32	2.78	-0.45	0.06	-0.59	1.87
2018	0.09	0.11	0.01	0.34	-0.46	0.10	-0.59	0.56	0.87	1.26	0.33	2.81	-0.52	0.07	-0.60	1.96

资料来源：根据联合国商品贸易统计数据库（Comtrade）的数据（SITC Rev. 3）整理并计算。

产业具备较强优势，美国和德国海洋工程装备产业处于较弱优势，而日本海洋工程装备产业具备极强优势；从显示性竞争优势指数看，中国、美国和日本海洋工程装备产业具有竞争优势，德国海洋工程装备产业具有竞争劣势（见表6.5）。

综合以上高端装备制造行业的竞争力分析，四国高端装备制造行业国际竞争力呈现出明显的发展不平衡特点。美国轨道交通装备产业、航空装备及卫星应用装备产业和海洋工程装备产业竞争优势逐渐变小，智能制造装备产业国际竞争力仍然较强。德国、日本各行业发展相对平稳，并呈现较强竞争力，日本智能制造装备产业和海洋工程装备产业竞争优势更为突出。中国智能制造装备产业竞争力相对低于其他三个国家，中国轨道交通装备产业竞争力与德国、日本相似，中国海洋工程装备产业与日本海洋工程装备产业的差距逐步缩小，发展潜力巨大，而航空装备及卫星应用装备产业国际竞争力提升较为显著。

第二节　高端装备制造业国际竞争力影响因素分析

一、影响因素与指标变量

根据波特钻石模型，高端装备制造业的国际竞争力由多种因素决定，主要因素包括高级生产要素、需求条件、相关产业及支持产业、企业战略结构及竞争对手表现等方面。其中，科技研发投入是主要高级生产要素，国内需求和国际需求是主要需求条件，并以科技产业、产业基础设施和产业开放程度等因素衡量相关产业及支持产业，企业战略结构和竞争则受到竞争对手高端装备制造业发展的制约；同时，一定程度上受到政府和机遇的影响。根据影响因素，选取科技研发投入等9个指标来衡量高端装备制造业竞争力，具体如表6.6所示。

表 6.5　　四国海洋工程装备产业国际竞争力指数

年份	IMS				TC				RCA				CA			
	美国	德国	日本	中国	美国	德国	日本	中国	美国	德国	日本	中国	美国	德国	日国	中本
2006	0. 03	0. 04	0. 17	0. 10	0. 27	-0. 41	0. 98	0. 88	0. 36	0. 47	2. 89	1. 32	0. 09	-1. 73	2. 84	1. 02
2007	0. 04	0. 05	0. 16	0. 12	0. 28	-0. 20	0. 98	0. 87	0. 34	0. 46	2. 92	1. 37	0. 10	-1. 56	2. 86	1. 16
2008	0. 02	0. 05	0. 17	0. 15	0. 25	0. 19	0. 97	0. 86	0. 32	0. 48	2. 88	1. 46	0. 08	-1. 52	2. 93	1. 22
2009	0. 03	0. 04	0. 16	0. 17	0. 27	-0. 17	0. 97	0. 88	0. 32	0. 45	2. 86	1. 53	0. 07	-1. 44	3. 03	1. 31
2010	0. 02	0. 03	0. 16	0. 20	0. 29	-0. 13	0. 97	0. 89	0. 33	0. 43	2. 78	1. 88	0. 08	-1. 35	2. 90	1. 55
2011	0. 02	0. 03	0. 15	0. 19	0. 31	-0. 18	0. 98	0. 85	0. 34	0. 42	2. 85	1. 86	0. 09	-1. 37	2. 78	1. 80
2012	0. 03	0. 02	0. 14	0. 20	0. 29	-0. 21	0. 98	0. 86	0. 31	0. 39	2. 84	1. 92	0. 11	-1. 24	2. 73	1. 75
2013	0. 03	0. 02	0. 15	0. 21	0. 32	-0. 25	0. 96	0. 83	0. 28	0. 37	2. 91	1. 96	0. 08	-1. 18	2. 68	1. 73
2014	0. 02	0. 03	0. 16	0. 20	0. 34	-0. 29	0. 97	0. 87	0. 27	0. 40	2. 93	1. 95	0. 07	-1. 09	2. 53	1. 78
2015	0. 01	0. 04	0. 15	0. 23	0. 35	-0. 13	0. 95	0. 90	0. 25	0. 42	2. 97	2. 20	0. 05	-1. 16	2. 62	1. 80
2016	0. 02	0. 05	0. 14	0. 25	0. 32	-0. 11	0. 96	0. 92	0. 23	0. 43	3. 02	2. 25	0. 03	-1. 21	2. 75	1. 86
2017	0. 03	0. 03	0. 15	0. 24	0. 31	-0. 07	0. 97	0. 93	0. 27	0. 45	3. 05	2. 11	0. 06	-1. 33	2. 73	1. 92
2018	0. 03	0. 04	0. 16	0. 23	0. 32	-0. 02	0. 98	0. 89	0. 28	0. 42	2. 97	2. 08	0. 07	-1. 36	2. 81	1. 97

资料来源：根据联合国商品贸易统计数据库（Comtrade）的数据（SITC Rev. 3）整理并计算。

表 6.6　　高端装备制造业国际竞争力影响变量

国际竞争力影响变量		具体指标	变量符号
高级要素	科技研发投入	研发支出占 GDP 的比例（%）	RD
需求条件	国内需求水平	人均国民总收入（千美元）	PG
	国际需求情况	世界主要国家人均 GDP（千美元）	PGW
相关产业及支持产业	科技产业	高科技产品出口占比（%）	TP
	基础设施	货柜码头吞吐量（千万 2 0 英尺集装箱）	BT
	产业发展	高端装备制造业贸易开放度（%）	ID
企业战略结构及竞争对手	竞争对手指标	竞争国家的国际市场占有率（%）	MS
政府	政府影响	政治全球化指数	IPG
机遇	开放程度	经济全球化指数	IEG

二、模型构建与数据来源

基于对高端装备制造业国际竞争力影响因素的理论分析，本书对四国高端装备制造业国际竞争力的影响因素进行实证分析。以高端装备制造业国际竞争力综合评价（PC）作为被解释变量，并以选取高级要素的科技研发投入等 9 个指标为解释变量构建线性回归模型。

$$PC = k_1 RD + k_2 PG + k_3 PGW + k_4 TP + k_5 BT + k_6 ID + k_7 MS + k_8 IPG + k_9 IEG \tag{6-5}$$

其中，高端装备制造业国际竞争力综合评价 PC 表示被解释变量，主要解释变量 RD 表示研发支出占 GDP 的比例，其他解释变量如表 6.6 所示，而 k_1、k_2、k_3、k_4、k_5、k_6、k_7、k_8、k_9 分别表示不同解释变量的弹性系数，体现各个变量对中国高端装备制造业竞争力的具体影响程度。

该模型中，科技研发投入、需求条件、相关产业等数据来源于世界银行数据库、国研网数据库、《中国统计年鉴》、《中国科技统计年鉴》、《中国高新技术统计年鉴》；高端装备制造业贸易开放度、竞争国家的国际市场占有率数据来源于联合国商品贸易数据库；IPG、IEG 全球化指数根据苏黎世联邦理工学院最新统计结果得出，样本区间为 2006～2018 年。

三、实证结果

基于上述模型和相关数据，先对模型中各个变量之间进行相关性检验和多重共线性检验，结果发现各变量之间不存在相关性和多重共线性，进而回归检验高端装备制造业国际竞争力的影响因素，各个变量指标系数的具体估计结果如表 6.7 所示。

表 6.7　　　　高端装备制造业国际竞争力影响指标参数

变量符号	指标参数	中国	美国	德国	日本
RD	k_1	0.0095**	-0.0174	0.0043**	-0.0026
PG	k_2	0.0056*	0.0067*	0.0009*	0.0019*
PGW	k_3	0.0034*	0.0021*	0.0025*	0.0007*
TP	k_4	0.0232*	0.0258*	0.0010*	-0.0008
BT	k_5	0.0089*	0.0135*	0.0041*	-0.0011
ID	k_6	0.0157*	0.0176*	0.0245*	-0.0075
MS	k_7	-0.0121	-0.0159	-0.0061	-0.0010
IPG	k_8	0.0178*	0.0213*	0.0016*	0.0034*
IEG	k_9	0.0165*	0.0617*	0.0068*	0.0025*

注 *、** 分别表示在 10%、5% 的水平上显著。

综合来看，就中国而言，高级生产要素科技研发投入对中国高端装备制造业国际竞争力具有显著的正向影响，需求条件对中国高端装备制造业国际竞争力也产生显著的促进作用；相关产业发展对中国高端装备制造业国际竞争力产生促进作用，并且较为显著；企业战略对中国高端装备制造业国际竞争力提升产生负面影响，但不显著。政府和机遇对中国高端装备制造业国际竞争力具有促进作用，这表明在高端装备制造业国际竞争力的提升过程中，政府和机遇是重要的外部条件。通过对四国要素的比较，本书发现高级生产要素研发投入对德国和中国高端装备制造业竞争力具有显著正向影响，研发投入对中国高端装备制造业竞争力的影响系数约为0.0095，而研发投入对德国高端装备制造业竞争力的影响系数约为0.0043，这表明相对于德国，高级生产要素对中国高端装备制造业竞争力的影响更大。高级生产要素研发投入对美国和日本高端装备制造业竞争力具有负向影响，但不显著，可能原因是美国长期远离传统制造业，高级生产要素无法正常发挥促进作用。这说明高级生产要素对各国的作用程度呈现差异化，因而导致高端装备制造业国际竞争力的差异。国内需求条件和国外需求则对四个国家高端装备制造业竞争力都产生显著的正向影响。相关产业发展对美国、德国、中国高端装备制造业国际竞争力产生促进作用，且在10%显著性水平上显著；相关产业发展对日本、中国高端装备制造业国际竞争力产生负面作用，但并不显著。企业战略对美国、德国、日本、中国高端装备制造业国际竞争力提升产生负面作用，但均不显著。辅助影响因素政府和机遇则对四国高端装备制造业国际竞争力的提升起着显著地促进作用，这表明政府促进作用和发展机遇为高端装备制造业国际竞争力稳定发展提供保障。

第三节　本章小结

本书通过测算中国、美国、德国、日本四国高端装备制造业国际竞争力，分析比较了中国高端装备制造业的国际竞争力。首先，构建国际竞争力评价指标体系，以显示性比较优势指数、显示性竞争优势指数、贸易竞争力指数和国际市场占有率四个指标，衡量高端装备制造业国际竞争力，并对该四个指标内容进行具体阐述。其次，参照高端装备制造业分类，使用联合国商品贸易数据库和中国统计年鉴等数据，从整体上计算中国、美国、德国和日本四个国家高端装备制造业国际竞争力，比较分析中国高端装备制造业与发达国家高端装备制造业的差距。再次，高端装备制造业重点从轨道交通装备业、智能制造装备业、航空装备及卫星应用装备业以及海洋工程装备业四大行业，分别测算四国轨道交通装备业、智能制造装备业、航空装备及卫星应用装备业及海洋工程装备业四大行业的国际竞争力，并分行业对四国高端装备制造业国际竞争力进行了比较，找出中国与发达国家高端装备制造业在细分行业领域的差距。最后，分析高端装备制造业竞争力的影响因素，根据波特模型分析高级生产要素、需求条件、相关产业及支持产业、企业战略结构及竞争对手表现等因素是高端装备制造业国际竞争力的主要影响因素，进一步实证检验这些影响因素对高端装备制造业国际竞争力的影响程度。通过分析中国高端装备制造业与发达国家高端装备制造业的差距，从根源上为提出高端装备制造业突破式创新的路径与措施提供实践依据。

第七章　中国高端装备制造业突破式技术创新影响的实证分析

本书在调查分析中国高端装备制造业总体状况和五大细分行业的基础上，对中国高端装备制造业突破式技术创新影响进行实证分析。基于理论研究提供的线索，中国高端装备制造业突破式技术创新的主要影响因素有创新投入、技术商业化、知识学习吸收、自主研发等因素，那么这些因素对中国高端装备制造业突破式技术创新的影响如何，本书在全面调研获得相关数据的基础上，将进行逐一实证分析。创新投入和技术商业化如何影响中国高端装备制造业突破式技术创新，其影响程度如何，本书将利用研发资金投入、人力资本投入和技术商业化等数据，通过构建计量模型从整体上考察创新投入和技术商业化对高端装备制造业技术创新突破的影响程度。知识学习吸收又是如何影响中国高端装备制造业突破式技术创新，其影响程度又是如何，本书将通过研究假设、问卷调查、数据分析与实证检验，分析知识学习吸收对企业突破式技术创新的影响。进一步地，本书将考察自主研发对中国高端装备制造业突破式技术创新的影响程度如何，是否因地区而有所差异。对此，本书以发明专利申请数与新产品销售收入作为突破式技术创新的衡量指标，分别构建相应的计量模型，从整体上实证检验自主研发对中国高端装备制造业突破式技术创新的影响，并按东部地区、中部地区和西部地区分别检验自主研发对中国地区高端装备制造业突破式技术创新的影响。

第一节　创新投入对高端装备制造业突破式技术创新的实证

一、模型的构建

杰斐（Jaffe，1989）认为创新突破过程是利用科技人员、科技资金和设备等资源投入创造出一种新产品的过程。科埃和赫尔普曼（Coe & Helpman，1995）研究发现，研发投入是一国技术自主创新的源动力，包括研发经费投入和研发人力资本投入。技术创新开展活动是包括技术创新投入到技术创新产出的转化过程和实现技术创新突破的商业化活动。根据杰斐（1989）的研究，我们考虑一个基础的创新生产函数：

$$Y_{it} = A_{it} K_{it}^{\alpha} L_{it}^{\beta}, \tag{7-1}$$

其中，A 为广义的技术进步因素，Y、K、L 分别表示创新产出、研发资本投入和研发人员投入。两边取对数，得到创新投入产出的基础模型：

$$\ln Y_{it} = \alpha_0 + \alpha_1 \ln K_{it} + \alpha_2 \ln L_{it} + \varepsilon_{it} \tag{7-2}$$

由于开展技术创新活动、引进学习先进技术能够形成技术创新构思，促进新技术的转化与扩散，提升产业技术创新能力，故将技术创新开展（IO）、技术引进（TI）和技术学习（TL）纳入上述基础创新生产函数中，为此，将 A 表示为：

$$A_{it} = B_{it} IO_{it} GF_{it} TI_{it} \tag{7-3}$$

将式（7－3）代入式（7－1），得到技术创新突破的投入产出函数：

$$Y_{it} = B_{it} IO_{it} GF_{it} TI_{it} K_{it}^{\alpha} L_{it}^{\beta}, \tag{7-4}$$

两边取对数，并令 $\alpha_0 = \ln B_{it}$，得到技术创新突破相应的投入产出拓展模型：

$$\ln Y_{it} = \alpha_0 + \alpha_1 \ln K_{it} + \alpha_2 \ln L_{it} + \alpha_3 \ln IO_{it} + \alpha_4 \ln GF_{it} + \alpha_5 \ln TI_{it} + \varepsilon_{it} \tag{7-5}$$

其中，i、t 分别表示行业、年份，t = 2006，…，2018；式（7 - 5）中 Y 表示突破式技术创新，K 和 L 分别表示高端装备制造产业的 R&D 资金投入和 R&D 人员投入；IO 表示技术创新开展与商业化活动，体现技术创新投入到技术创新产出的转化过程和新技术市场化应用的范围；GF 表示政府研发资助，政府研发资助对企业创新起着杠杆效应和互补效应，带动企业研发投入，促使高端装备制造业实现突破式技术创新；TI 表示技术引进，ε_{it} 是随机误差项。因此，以此模型来测度主要因素影响高端装备制造业突破式技术创新的影响程度。

二、变量度量和数据来源

（1）被解释变量：突破式技术创新（Y）。对于突破式技术创新，本书分别选用高端装备制造行业的专利申请总量和三类专利申请量来反映。在发明专利、实用新型和外观设计三类专利中，重点以发明专利申请量来衡量突破式技术创新，因为发明专利更具有创造性，发明专利申请量更能够体现突破式技术创新的真实水平，同时发明专利申请量也能够反映高装备制造企业知识产权的保护程度。

（2）解释变量：R&D 资金投入（K）和 R&D 人员投入（L）。R&D 活动的资金投入和人员投入是实现技术创新突破活动的两个重要因素，R&D 资金投入反映企业对技术研发的资金支持力度，是企业用于试验发展、基础研究和应用研究项目的支出总和。可选取 R&D 经费和 R&D 人员数量分别代表高端装备制造业 R&D 活动的资金投入和人员投入。

（3）解释变量：技术创新商业化（IO）。技术创新商业化是指技术创新投入到技术创新产出的转化过程和技术创新市场化应用的开展范围，开展技术创新的市场化应用活动是提升产业技术创新突破能力的前提和保障，可选用开展科技创新活动的企业数量来反映。

（4）解释变量：政府研发资助（GF）。政府研发资助对企业创新起着明显的杠杆效应和“互补效应”，带动企业研发投入，促进企业实现突破式技术创新。

（5）解释变量：技术引进（TI）。技术引进体现了企业购买引进，包括购买关键设备、专利、工艺流程、产品设计等国内外技术资料的费用支出，本书选用技术引进经费支出来表示。

（6）数据来源。本书根据高端装备制造业重点细分领域和国家统计局产业分类标准，把交通运输设备制造业、通信设备计算机及其他电子设备制造业、仪器仪表及办公用机械制造业、通用设备制造业、专用设备制造业、电气机械及器材制造业六大类产业，作为中国高端装备制造业的统计数据。高端装备制造业的专利申请总量、发明专利申请量、R&D 经费和 R&D 人员数量、开展科技活动的企业数量、技术引进经费和政府研发资助均来自 2006 ~ 2018 年的《中国工业经济统计年鉴》、《中国科技统计年鉴》、《中国高技术产业统计年鉴》、《工业企业科技活动统计年鉴》、国家统计局网站公布的行业统计数据、CNKI 中国经济社会发展数据库的行业统计数据。其中，交通运输设备制造业数据来源于铁路、航空航天、船舶和汽车制造业数据之和。

三、计量与检验结果

本书运用 Stata 软件进行模型运算与数据分析。为减少截面数据的异方差影响，具体使用广义矩估计法（GMM）对模型进行估计，同时采用相关性检验和 Hausman 检验方法对模型（7 - 5）的解释变量进行了检验，检验表明解释变量间不存在多重共线性，并且未产生解释变量内生性问题。本书利用中国高端装备制造行业 2006 ~ 2016 年的面板数据对模型（7 - 5）

进行回归分析，检验结果如表 7.1 所示。表 7.1 为高端装备制造行业面板数据采用固定效应模型（FE）和随机效应模型（RE）回归的估计结果，根据面板数据模型 Hausman 检验的结果，支持选择固定效应模型。表 7.1 中第（1）列和第（4）列表示在固定效应模型形式下被解释变量分别为专利申请总量和发明专利申请量时的情况。

表 7.1　　　　高端装备制造行业面板数据回归分析结果

变量	(FE)				(RE)			
	(1)	(2)	(3)	(4)	(5)	(6)	(7)	(8)
	专利申请总量	实用新型	外观设计	发明专利	专利申请总量	实用新型	外观设计	发明专利
常数项	−7.2412 *** (0.5274)	−7.0447 *** (0.4985)	−7.0182 *** (0.4946)	−7.3454 *** (0.5487)	−6.8525 *** (0.5186)	−6.2663 *** (0.5074)	−6.1892 *** (0.4840)	−6.9910*** (0.5392)
lnK	0.2617 ** (1.581)	0.2851 ** (1.646)	0.3190 ** (1.761)	0.2153 ** (1.552)	0.2308 ** (1.524)	0.2629 ** (1.597)	0.3012 ** (1.606)	0.2037 ** (1.515)
lnL	0.5752 ** (3.463)	0.6268 ** (3.585)	0.6573 ** (3.701)	0.2821 * (3.205)	0.6138 ** (3.516)	0.6433 ** (3.621)	0.6781 ** (3.737)	0.3053 * (3.368)
lnIO	0.3132 *** (0.0294)	0.3517 *** (0.0373)	0.4261 *** (0.0435)	0.2590 *** (0.0216)	0.2618 *** (0.0249)	0.2760 *** (0.0285)	0.3172 *** (0.0326)	0.2309 *** (0.0157)
lnGF	0.0515 * (0.0243)	0.0583 * (0.0279)	0.0791 * (0.0477)	0.0426 * (0.0238)	0.0432 * (0.0217)	0.0406 * (0.0208)	0.0659 * (0.0373)	0.0362 * (0.0181)
lnTI	0.0361 (0.0248)	0.0376 (0.0252)	0.0690 * (0.0372)	0.0195 (0.0127)	0.0312 (0.0206)	0.0319 (0.0215)	0.0547 * (0.0223)	0.0106 (0.0102)
Adj. R^2	0.9038	0.9025	0.8957	0.9121	0.8995	0.8913	0.8779	0.9066
F	192.95	197.03	195.29	196.72	256.87	273.55	263.51	259.38

注：括号内数值为 t 检验值，*、**、*** 分别表示 10%、5% 和 1% 水平上显著。

首先，整体上考察 R&D 资金投入和 R&D 人员投入对高端装备制造业突破式技术创新的影响。从表 7.1 的回归结果可以看出，对于固定效应模型，R&D 资金投入（lnK）和 R&D 人员投入（lnL）两个变量的系数均显著大于零，表明这两者对专利产出具有显著的正向影响。具体而言，在第

（1）列中 R&D 资金投入（lnK）的回归系数为 0.2617，在 5% 的显著性水平上显著，说明 R&D 资金投入对高端装备制造业专利申请量产生显著的正向影响；R&D 资金投入每增长 10%，可以促使高端装备制造业专利申请量增加 0.0262%。R&D 人员投入（lnL）的回归系数为 0.5752，在 5% 的显著性水平上显著，说明 R&D 人员投入对高端装备制造业专利申请量也产生显著的正向影响，R&D 人员数量每增加 10%，可以引致高端装备制造业专利申请量增加 0.0575%。由此可以看出，R&D 资金投入和 R&D 人员投入对中国高端装备制造业突破式技术创新有显著的促进作用。

其次，从三类专利分组检验看，在第（2）列、第（3）列和第（4）列中 R&D 资金投入（lnK）的回归系数分别为 0.2851、0.3190 和 0.2153，并且显著性水平均为 5%，这说明 R&D 资金投入对高端装备制造业三类专利申请量均产生显著正向的影响，且影响差异较小，体现了 R&D 资金投入对这三类不同层次技术创新具有显著的促进作用。同时，R&D 人员投入对高端装备制造业三种专利申请量也存在显著的正向影响，但影响差异较大，这说明 R&D 人员投入对高端装备制造业不同层次技术创新的影响有所不同。对于实用新型和外观设计，R&D 人员投入对它们的创新产出弹性分别达到了 0.6268 和 0.6573，显著性水平为 5%，表明 R&D 人员投入对实用新型和外观设计专利申请量产生显著正向的作用；相比较而言，R&D 人员投入对发明专利申请量的产出弹性仅为 0.2821，且显著性水平为 10%，这表明 R&D 人员投入对发明专利申请量的影响程度更小。对此，可能的解释是：对于实用新型和外观设计而言，相对比较简单，技术难度不高，容易通过模仿实现创新；而发明专利因技术含量高，实现原创难度较大。

最后，在影响突破式技术创新的其他解释变量中，技术创新商业化（lnIO）的回归系数为 0.3132，在 1% 的显著性水平上显著，说明技术创新商业化对高端装备制造业突破式技术创新产生显著的正向影响；在分组回归结果中，技术创新开展对高端装备制造业三类专利申请均产生显著正向的溢出效应，显著性水平均达到1%以上，从而证实开展技术创新的商业化应用活动是提高产业突破式技术创新能力的有力保障。技术引进（lnTI）总体上对专利申请总量和发明专利申请量的影响均不显著，它仅对外观设计专利申请产生显著的正向影响，显著性水平为10%，证实了技术引进对高端装备制造业突破式技术创新的影响不显著。政府研发资助（lnGF）的回归系数为0.0515，在10%的显著性水平上显著，说明政府研发资助对专利申请具有显著的正向影响；在分组回归结果中，政府研发资助对高端装备制造业三类专利申请均产生显著正向的影响，显著性水平均为10%，这也说明政府研发资助对高端装备制造业突破式技术创新存在显著的促进作用。

四、结论及政策启示

通过以上分析，我们可以得出以下结论和启示：

（1）研发资金投入和研发人员投入对中国高端装备制造业突破式技术创新都具有显著地促进作用，相对而言，研发人员投入对高端装备制造业突破式技术创新的溢出效应更为显著。这一点已在行业层面上得到了实证的有力支持。其中，研发人员投入对高端装备制造业三种专利申请量的影响存在较大差异，这体现研发人员投入对高端装备制造业不同层次技术创新的影响有所不同，而且表明研发人员投入对突破式技术创新的影响程度较低；而研发资金投入对高端装备制造业不同层次技术创新的影响差异较小。因此，要引导产业基金和行业龙头企业重点加强对行业核心技术研发的资金投入和人员投入，大力培养和引进行业尖端研发人才，提升行业核心技术的自主研发能力和创新突破能力。

（2）技术创新商业化对高端装备制造业突破式技术创新产生显著的正面影响，开展技术创新的商业化应用活动有助于提高产业突破式技术创新能力。技术引进总体上对专利申请影响不显著，表明技术引进对高端装备制造业突破式技术创新的影响不显著，可见单纯依赖引进国内外技术无法实现高端装备制造业核心技术的突破。在没有掌握高端装备制造业核心技术的情况下，如果行业企业在大量的技术引进之后，不重视消化吸收或没有能力通过消化吸收转化为自己的技术，只能依赖不断重复引进来满足生产需求，这容易形成关键技术的对外依赖，无法实现核心技术的突破。因此，政府部门鼓励行业企业开展科技创新的商业化应用活动，完善技术市场交易平台，加快自主核心技术的商业化应用。同时，加大对先进技术研发的经费资助投入，通过实施“干中学—用中学—研究开发中学”，增强企业对引进技术的研发能力，提升行业核心技术的自主研发能力和创新突破能力。

（3）为了提升高端装备制造业核心技术的创新突破能力，行业企业需要进一步加强研发活动的产学研合作，通过借助资本市场与技术市场，加强中间试验环境和产业技术创新联盟组织建设，对核心技术进行联合攻关，提高技术成果的成熟度，促使研发—转化—生产得到良性循环发展，引导高端装备制造业技术创新向自主创新主导型模式转变。同时，在知识产权保护方面，政府应发挥调控作用，制定促进高端装备制造业突破式技术创新的政策法规，营造尊重创新和尊重知识产权的外部氛围，引导企业加强知识产权保护，鼓励企业用知识产权保护技术创新成果，为高端装备制造业突破式技术创新提供良好的外部条件。

第二节　知识学习吸收对企业突破式技术创新影响的实证

突破式技术创新是高端装备制造企业应用新知识于生产技术实践的一种创新模式，企业通过知识学习吸收实现对产品技术或工艺技术等重大创新和突破。企业突破式创新的知识更多来源于高校、科研院所等外源知识，然而如何将外源知识转为企业内部知识并实现突破式创新，这需要以企业对知识技术的消化吸收能力为基础。本书将实证分析知识学习吸收对企业突破式技术创新的影响。

一、理论分析与研究假设

（一）吸收能力与突破式技术创新

吸收能力是企业吸收消化外部新知识与应用外部新知识的能力，吸收能力是影响企业突破式技术创新的一个重要因素。吸收能力既能促使企业更有效地配置创新资源和开发利用创新资源，迅速转化技术的创新价值（Kougt，1996），又能促使企业获取外源新知识，并利用外源新知识实现产品的突破式创新（Jantunen，2005）。吸收能力是企业动态获取知识和利用知识的一种能力，企业吸收知识能力越强，吸收的知识越能得到较好积累，也越能得到加速转化，从而有效推动技术创新和产品创新。作为组织内外知识的桥梁，吸收能力分为潜在吸收能力和现实吸收能力，潜在吸收能力是企业不断与外部知识源交互积累（Fosfuri，2008），挖掘潜在客户，获得全新市场，通过知识共享实现突破式技术创新；而现实吸收能力是企业员工在专业层面交流知识，进行知识互动，促进专业技术的突破式创新（Dess & Beard，1984）。

1. 潜在吸收能力与突破式技术创新

潜在吸收能力一方面促使企业不断拓展知识深度，及时更新知识和更新技术，另一方面促使深化企业知识储备，提高企业技术创新能力。首先，知识资源具有缄默性特点和复杂性特点，企业吸收获取缄默性知识后，扩展了企业原有知识资源的广度，拓展了原有知识资源的深度，企业突破式技术创新能力得到增强。其次，企业吸收获取缄默性知识后，促进企业战略柔性化，可以根据客户需求更加灵活分配组织资源，更加合理利用组织资源，推动企业实现突破式技术创新。企业通过组织学习不断吸收消化外源知识，不仅丰富企业本身的知识资源，拓展技术知识基础，而且消化吸收外源知识促使企业避免现有知识的约束和束缚，推动企业实现突破式技术创新。这表明潜在吸收能力可以正向影响企业突破式技术创新。鉴于突破式技术创新是基于各类异质性新知识并脱离企业现有知识基础和技术模式的一种创新活动，本书提出如下假设：

H1（a）：潜在吸收能力对突破式技术创新具有显著正向影响。

2. 现实吸收能力与突破式技术创新

现实吸收能力基于现有知识的交流互动有效推动企业实现突破式技术创新，对于高端装备制造企业而言，强大的现实吸收能力是企业实现知识创新和获得核心竞争优势的源泉。企业知识内化过程主要包括知识吸收、知识共享与知识创新等，一方面，企业吸收外源知识，将外源知识转化成创新活动的重要创新要素，通过现有组织运营扩展了现有知识能力，避免原有创新的路径依赖；另一方面，企业基于现实吸收能力获得外源知识推动企业核心技术的转化，能够更有效地利用外源知识、提升现有知识资源，更新完善现有技术和产品，调整完善现有组织结构，最大限度地实现突破式技术创新。与此同时，企业突破式技术创新需要知识资源的内化与知识资源的整合，更需要全新的技术知识，而现实吸收能力决定其对外源知识的转化效率与对外源知识的利用效率，企业转化利用知识的能力又能够改变或者更新其知识路径，发现新的客户需求和新市场，为企业突破式技术创新提供动力。企业通过现实吸收能力获得新知识，依托新知识或新旧知识结合，有效推动企业开展突破式技术创新活动。这表明现实吸收能力对突破式技术创新具有正向影响，因此，本书提出如下假设：

H1（b）：现实吸收能力对突破式技术创新具有显著正向影响。

（二）知识学习与突破式技术创新

知识学习是企业学习知识、获取知识的一个动态过程，也是企业利用知识、传播知识并实现知识转移的一个动态过程。知识学习是企业实现竞争优势的重要途径，企业成员在学习知识过程中，通过吸收和消化隐性或显性的外源知识，将外源知识整合转化为企业新知识和新技能，并产生协同效应提升企业创新绩效。开放创新环境下，外源知识是企业实现创新的重要来源，与不重视学习外源知识的企业相比，重视学习外源知识的企业更具有创新能力（Darr，1995）。如果企业学习的知识越多，学习知识的效果越好，知识学习对企业创新绩效的正向影响就越大（Grant & Gregory，1997）；知识学习往往间接作用于产品创新，企业通过学习知识、整合知识对产品创新发挥影响（Cavusgil，2003）。而企业间的合作研发推动企业可以加快研发速度，共同解决产品创新的各种复杂问题，对企业技术创新具有显著的正向影响（Cassiman，2007）。面对日益激烈的技术竞争，具有知识管理团队的企业学习知识能力更强，应用知识能力也更强，可以获得更高的产品创新绩效（Subramaniam & Venkatraman，2001）。企业通过产学研合作创新和全球创新网络学习知识、积累实践知识，大大减少了企业创新运作的不确定性风险，增强创新效率，这是企业实现突破式技术创新的关键动力之一。基于以上分析，本书提出如下假设：

H2：知识学习对突破式技术创新具有显著正向影响。

（三）吸收能力与知识学习

现有文献研究了吸收能力和知识学习之间的关系，提出了吸收能力和知识学习间的内在逻辑，企业先验知识有利于辨识新知识、甄选新知识，企业激励制度和组织结构的相似性有利于传播利用新知识，而知识支配的逻辑相似程度推动知识商业化运用（Lane & Lubatkin，1998）。明贝瓦（Minbaeva，2003）通过调查160多家跨国公司，实证发现吸收能力对新知识学习传播具有显著地促进作用。格兰特（Grant，1997）认为在知识学习过程中，企业自身所拥有的知识存量越多，就越有基础能力将新知识通过共同逻辑语言表达出来，越能促成新知识的吸收和整合应用。企业吸收能力越强，越能获取不同类型、相互独立的外源知识。基于新知识学习的实践，企业吸收能力越强，越能够通过快速学习吸取行业企业的其他先进知识和先进技术，并在企业组织内部快速有效地共享新知识、转化新知识和应用新知识。因此，基于吸收能力和知识学习之间的关系分析，本书提出如下假设：

H3：吸收能力对企业知识学习呈正相关关系。

二、研究设计

（一）问卷设计与变量细分

首先，梳理相关文献并借鉴文献研究的方法和思路，形成本书问卷的初始问项。为了保证问卷初始问项的信度及其效度，问卷所有表格变量和问项变量都是参考和借鉴现有文献得到，所有变量都在经过实证有效的指标基础上形成。其次，经过专家小组讨论初始测项，结合突破式创新的访谈调查样本（如企业规模、年龄等），对问卷量表的初始测项进行了修订，最终形成5级Likert问卷。调查问卷内容是根据企业知识吸收状态和突破式创新两方面进行设计，充分考虑了调研对象和目标样本的文化水平、区域分布等因素，问卷的重点包括两部分，第一部分具体包括企业概况、企业规模、企业年龄等信息；第二部分具体包括企业知识吸收信息状态、突破式创新状态等信息。问卷采用Likert五级量表，对问题的具体评价程度设置5个选项。其中，“非常不同意”该说法用“1”表示，即该问卷题项描述与企业实际状况完全不吻合；“不同意”该说法用“2”表示，即该问卷题项描述与企业实际状况不吻合；依此类推，对该说法表示“一般”用“3”表示；“同意”该说法用“4”表示；“非常同意”该说法用“5”表示。被调查者根据所在企业的实际情况分别作答。

（二）样本选择与数据搜集

抽样和数据采集是根据莱费尔（Leifer）等学者对突破式创新的定量

筛选标准进行，结合有关突破式创新的新产品特征及其数量特征，在调查问卷中注明，突破式创新通常符合以下特征与要求：（1）具有一整套全新的创新性能与创新特征；（2）改善已知绩效在五倍及以上；（3）能够节约30%及以上的成本。如果被调研样本企业中，其突破式技术在近三年内没有符合上述标准之一，则被排除在样本之外。同时，为满足样本的代表性，本书问卷要求填写企业规模必须在150人以上，并且拥有技术研发中心。鉴于企业技术研发活动和产品创新活动的敏感性，在国家社科基金后期资助项目（19FJYB034）、浙江省软科学研究项目（2019C35019）和浙江省高校重大人文社科攻关计划项目（2016QN055）的资助下，本书委托专业的市场调研企业帮助发放搜集问卷。调研企业根据本书样本要求进行抽样、问卷调查，发放并收回有效问卷，问卷调查对象主要是企业中高层管理人员，所有填写问卷都符合样本要求。

（三）变量测量

研究中主要变量测量有三个：吸收能力、知识学习、突破式技术创新，测量皆采用Likert五级量表，非常不同意用“1”表示，非常同意用“5”表示。

1. 变量吸收能力的测量

在里特尔（Ritter，2003）、詹森（Jansen，2005）等研究的基础上，通过对15家大型企业高层管理者的实际访谈反馈，确定初始量表中的测量问项，具体测量问项是用新知识消化能力、新知识利用能力等3个测量问项来测度吸收能力。

2. 变量知识学习的测量

在借鉴达尔和阿格特（Darr & Argote，1995）和苏布拉马尼亚姆（Subramaniam，2001）等研究的基础上，采用注重新知识学习、知识交流与共享、知识沟通和互动、知识管理4个问项来测度企业知识学习。

3. 变量突破式技术创新的测度

借鉴钱迪和泰利斯（Chandy & Tellis，1998）的研究，本书确定企业新产品研发数量或新发明专利数量、新产品市场美誉度和品牌形象、新产品满足顾客需求程度以及新产品的性能和质量 4 个问项来进行测量突破式技术创新。量表的具体内容如表 7.2 所示。

表 7.2　　　　量表测项与信度分析结果

因子	问项	相关系数	可靠性
吸收能力	Q11 和其他企业相比，本企业为知识吸收投入较多资源和时间	0.642	0.852
	Q12 和其他企业相比，本企业对新知识消化和利用的能力很强	0.716	
	Q13 和其他企业相比，本企业容易利用新知识开发新技术	0.635	
知识学习	Q21 和其他企业相比，本企业注重对新技术和新知识的学习	0.738	0.877
	Q22 企业员工之间进行知识学习与交流共享	0.721	
	Q23 企业内部进行知识沟通和互动	0.785	
	Q24 企业有专门的知识管理部门，或有专人负责知识管理	0.526	
技术创新	Q31 其他企业相比，本企业推出更多的新产品或新发明专利	0.755	0.889
	Q32 其他企业相比，本企业具有更高的品牌形象和市场美誉度	0.808	
	Q33 其他企业相比，本企业新产品更好地满足顾客需求	0.802	
	Q34 其他企业相比，本企业新产品具有更好质量和性能	0.786	

三、数据分析与实证结果

1. 量表信度

运用 SPSS15.0 的信度分析功能软件，计算分析并得到相关系数和信度（Reliability）值，测项系数结果如表 7.1 所示。由表 7.1 可知，所有测项相关系数都大于 0.5，吸收能力因子、知识学习因子和产品创新因子的 Reliability 值也均大于 0.7，由此判断本量表的信度较好，可进行因子分析验证。

2. 因子分析验证

利用结构方程模型软件分析验证性因子，从绝对拟合指标看，初始测量模型中拟合指数 χ^2 与拟合指数 df 的比值 $\chi^2/df = 2.213$，该比值小于临界值3，符合拟合要求。拟合指标 CFI 值和 NFI 值分别为 0.938 和 0.925，IFI 值为 0.928，由此可知 CFI 值、NFI 值和 IFI 值三个值均大于 0.9，也符合拟合要求。拟合指标 RMSEA = 0.073，小于 0.08，也符合要求；拟合指数 GFI = 0.917，其值大于 0.9，也符合标准值要求。通过拟合分析，本书模型在整体上拟合得较好，可以接受该模型。

3. 效度分析

对于聚合效度的分析，由于各个变量对应的标准化系数均大于 0.5，所有拟合指数均符合标准值要求，进一步测度各个变量平均方差提取值（AVE），各变量平均方差的提取值分别为 0.578、0.612 和 0.704，其平均方差提取值均大于 0.5，由此可知平均方差提取值满足要求。在此基础上，根据福内利和拉克尔（Fornell & Larcker，1981）的区分效度法，如果验证性因子模型各变量的 AVE 值均大于各变量间相关系数的平方值，则验证性因子模型具有区分效度。根据区分效度法对区分效度进行检验，利用 SPSS 软件首先将各变量转换为观测变量，计算对应的相关系数为 0.427、0.586、0.538，将各个相关系数取平方值分别为 0.182、0.343、0.289。由于各个变量的平均方差提取值均大于各变量相关系数的平方值。根据福内利和拉克尔（1981）的区分效度法，确定本书验证性因子模型具有较好的区分效度。

4. 路径分析和假设检验

通过结构方程模型软件计算，得到结构模型拟合指数 χ^2/df 为 1.695，小于其临界值3。拟合指数 GFI 为 0.913，高于标准值 0.90；拟合指数 NFI 为 0.922，高于标准值 0.90；拟合指数 CFI 为 0.957，高于标准值 0.90；

拟合指数 IFI 为 0.967，高于推荐的标准值 0.90；RMSEA 值为 0.071，低于0.08 的要求值。这些数据表明理论模型与样本数据拟合较好，设定的理论模型是合理的。

对结构模型各变量之间关系进行假设检验，表 7.3 为经过计算的各变量路径系数、标准差、平均值以及检验结果。

表 7.3　　　　结构模型的系数估计和假设检验

假设	变量关系	路径系数及显著性	标准差	平均值	检验结果
H1（a）	潜在吸收能力→突破式技术创新	0.302 **	0.192	2.356	支持
H1（b）	现实吸收能力→突破式技术创新	0.256 **	0.185	2.307	支持
H2	知识学习→突破式技术创新	0.308 *	0.143	2.286	支持
H3	吸收能力→知识学习	0.363 **	0.085	3.829	支持

注：*、** 分别表示 10% 和 5% 水平上显著。

由表 7.3 可知，4 个研究假设均得到实证支持，研究表明潜在吸收能力和现实吸收能力对突破式技术创新的路径系数分别为 0.302 和 0.256，并且均在 5% 的显著性水平上显著；知识学习对突破式技术创新的路径系数为 0.308，在 10% 的显著性水平上显著；吸收能力对知识学习的路径系数为 0.363，在 5% 的显著性水平上显著。因此，根据本书测量量表和验证性因子分析结果，高端装备制造企业需要强化对新知识的潜在吸收能力和现实吸收能力，通过知识消化吸收再创新去研发新技术和新产品。为了获得突破式创新优势和竞争优势，高端装备制造企业应集中资源在提升吸收能力和知识学习方面增加投入，同时注重学习新技术和新知识，增加知识积累和技术积累，积极开展企业内部员工之间的知识学习与交流共享，加强企业各部门之间的沟通和互动，在创新实践中进一步加强技术创新、工艺流程创新和产品创新，突出突破式技术创新的重要性。

四、研究结论

通过实证分析了高端装备制造企业知识学习和吸收能力对其突破式技术创新的影响。研究结果表明潜在吸收能力和现实吸收能力对企业突破式技术创新具有显著的正向影响，知识学习对突破式技术创新具有显著的正向影响，而吸收能力与知识学习存在正相关关系，即增强吸收能力有助于企业加大对知识的学习。增强吸收能力和加大知识学习对突破式技术创新具有重要的意义，这些结果具有重要的理论价值和实践价值。本书研究结果不仅完善了突破性创新理论，也丰富了已有的技术创新理论，而且鼓励企业加大对知识学习和增强吸收能力的投资力度，指出了突破式技术创新的政策导向。

第三节　自主研发对制造业突破式技术创新影响的实证

创新驱动是中国现代化经济体系的战略支撑，技术创新是经济持续增长的决定性因素（Romer，1990）。鲍希（Bassi，2012）基于企业全要素生产率研究发现，技术创新对经济增长有稳定地促进作用；凡（Fan，2006）、刘跃等（2016）、蒋天颖等（2015）研究发现技术创新对区域经济增长的促进作用。自主创新包括原始创新、引进消化吸收再创新和集成创新三种创新模式，其中原始创新是创新主体获得超额利润和领先地位的重要途径，也是自主创新的核心。自主研发对短期技术创新和长期技术创新产出均具有显著地促进作用（储德银等，2013），创新型企业自主研发与技术创新两者之间存在显著的正相关关系（洪俊杰等，2017）。除了自主研发外，技术引进能够有效提高创新成功率，缩小技术引进国与技术输出国的技术差距；技术引进国通过先进技术的引进消化吸收，实现突破式技术创新和技术赶超（Amsden et al.，2003）。自主研发对突破式技术创新的影响一直都是学界关注的一个问题，但结论不一致。随着中国高端装备制造业研发经费和创新产出逐年增长，自主研发对突破式技术创新的影响程度如何，本书将进行实证分析。

一、模型的构建

本书基于柯布—道格拉斯形势的知识生产函数作为基础模型，在此基础上进行拓展，建立拓展模型。

$$Y_{it} = A_{it}L_{it}^{\alpha}K_{it}^{\beta}e_{it} \tag{7-6}$$

其中，Y_{it}表示第 i 省高端装备制造业在第 t 年的突破式技术创新；A_{it}为第 i 省高端装备制造业在第 t 年的科技投入，L_{it}^{α}为第 i 省高端装备制造业在第 t 年的劳动投入，K_{it}^{β}为第 i 省高端装备制造业在第 t 年的固定资本投入，e_{it}为模型的随机误差项，服从独立同分布假设；α 和 β 分别表示劳动力投入和固定资本投入的产出弹性。由于科技投入不仅受自主研发投入影响，还受外源技术引进等相关因素影响。由此，本书将科技投入定义为：

$$A_{it} = RD^{\lambda 1}_{it}FT_{it}^{\lambda 2}DT_{it}^{\lambda 3}u_{it} \tag{7-7}$$

其中，$RD^{\lambda 1}_{it}$、$FT^{\lambda 2}_{it}$、$DT^{\lambda 3}_{it}$分别代表第 i 省高端装备制造业在第 t 年的自主研发、国外技术引进、国内技术引进，u_{it}代表未观察效应。λ_1、λ_2、λ_3分别表示自主研发的产出弹性、国外技术引进的产出弹性和国内技术引进的产出弹性。将式（7－7）代入式（7－6），两边取对数得：

$$\ln Y_{it} = \lambda_1 \ln RD_{it} + \lambda_2 \ln FT_{it} + \lambda_3 \ln DT_{it} + \lambda_4 \ln L_{it} + \lambda_5 \ln K_{it} + u_{it} \tag{7-8}$$

其中，λ_4和 λ_5分别表示研发人员投入、固定资产投入的产出弹性，u_{it}为模型的误差项。而产出弹性 λ_1、λ_2和 λ_3为本书重点研究的弹性系数。为了考察自主研发与技术引进之间的交互作用对突破式技术创新的影响，本书将通过在式（7－8）中加入 $lnRD_{it} \times lnFT_{it}$、$lnRD_{it} \times lnDT_{it}$ 来考察自主研发与技术引进之间的交互作用。得到式（7－9）和式（7－10）。

$$lnY_{it} = \lambda_1 lnRD_{it} + \lambda_2 lnFT_{it} + \lambda_3 lnDT_{it} + \lambda_4 lnL_{it} + \lambda_5 lnK_{it} + \lambda_6 lnRD_{it} \times lnFT_{it} + u_{it} \tag{7-9}$$

$$lnY_{it} = \omega_1 lnRD_{it} + \omega_2 lnFT_{it} + \omega_3 lnDT_{it} + \omega_4 lnL_{it} + \omega_5 lnK_{it} + \omega_6 lnRD_{it} \times lnDT_{it} + u_{it} \tag{7-10}$$

λ_6 表示自主研发与国外技术引进之间的交互作用的弹性系数，ω_6 表示自主研发与国内技术引进之间的交互作用的弹性系数。模型选取各省级专利申请数（PAT_{it}）与新产品销售收入（$SALES_{it}$）两项指标来衡量各省市高端装备制造业突破式技术创新（Y_{it}），分别得到模型（7－11）、模型（7－12）、模型（7－13）、模型（7－14）、模型（7－15）、模型（7－16）。

$$lnSALES_{it} = \lambda_1 lnRD_{it} + \lambda_2 lnFT_{it} + \lambda_3 lnDT_{it} + \lambda_4 lnL_{it} + \lambda_5 lnK_{it} + u_{it} \tag{7-11}$$

$$lnSALES_{it} = \mu_1 lnRD_{it} + \mu_2 lnFT_{it} + \mu_3 lnDT_{it} + \mu_4 lnL_{it} + \mu_5 lnK_{it} + \mu_6 lnRD_{it} \times lnFT_{it} + u_{it} \tag{7-12}$$

$$lnSALES_{it} = \omega_1 lnRD_{it} + \omega_2 lnFT_{it} + \omega_3 lnDT_{it} + \omega_4 lnL_{it} + \omega_5 lnK_{it} + \omega_6 lnRD_{it} \times lnDT_{it} + u_{it} \tag{7-13}$$

$$lnPAT_{it} = \lambda_1 lnRD_{it} + \lambda_2 lnFT_{it} + \lambda_3 lnDT_{it} + \lambda_4 lnL_{it} + \lambda_5 lnK_{it} + u_{it} \tag{7-14}$$

$$lnPAT_{it} = \mu_1 lnRD_{it} + \mu_2 lnFT_{it} + \mu_3 lnDT_{it} + \mu_4 lnL_{it} + \mu_5 lnK_{it} + \mu_6 lnRD_{it} \times lnFT_{it} + u_{it} \tag{7-15}$$

$$lnPAT_{it} = \omega_1 lnRD_{it} + \omega_2 lnFT_{it} + \omega_3 lnDT_{it} + \omega_4 lnL_{it} + \omega_5 lnK_{it} + \omega_6 lnRD_{it} \times lnDT_{it} + u_{it} \tag{7-16}$$

二、指标选取与数据来源

1. 自主研发与技术引进

借鉴国内外学者研究，自主研发是以企业研发费用支出额来衡量，技术引进是以购买国内技术经费与国外技术引进经费来衡量。具体而言，本书自主研发投入（RD_{it}）采用各省市高端装备制造业R&D经费支出额来衡量，国内技术引进（DT_{it}）采用各省市购买国内技术经费来衡量，国外技术引进（FT_{it}）采用各省市引进消化国外技术的经费支出额来衡量。

2. 突破式技术创新

突破式技术创新分为突破式过程创新和突破式产出创新。从突破式过程创新看，由于发明专利申请数可以较为准确地反映高端装备制造业当年突破式技术创新过程的表征情况，因此，采用发明专利申请数来衡量突破式过程创新。从突破式产出创新看，用新产品销售收入可以较好衡量突破式产出创新。因此，选取各省级发明专利申请数（PAT_{it}）与新产品销售收入（$SALES_{it}$）两个指标衡量各省级高端装备制造业突破式技术创新。

3. 其他指标变量

突破式技术创新不仅受到自主研发与技术引进的影响，还会受到其他投入的影响。本书主要考虑劳动力投入与固定资产投入对突破式技术创新的影响。因此，突破式技术创新的劳动力投入（L_{it}）采用各省级高端装备制造业研发活动人员数衡量，突破式技术创新的固定资产投入（$K_{it.}$）采用各省市高端装备制造业新增固定资产投资额衡量。

4. 数据来源

在实证分析中各个变量指标的数据均来源于《中国高技术统计年鉴》《中国统计年鉴》，样本为2006～2018年中国30个省级的面板数据。相关变量描述性统计如表 7. 4 所示。

表 7. 4　　　　变量的描述性统计

变量	符号	观察值	均值	中位数	标准差	最大值	最小值
新产品销售收入	Ln(Sales)	390	13. 839	13. 966	2. 621	20. 572	5. 017
发明专利申请数	ln(PAT)	390	6. 312	6. 467	2. 025	11. 847	0. 693
R&D 经费内部支出	ln(RD)	390	12. 01	12. 58	2. 316	17. 213	3. 650
技术引进与消化经费支出	ln(FT)	360	8. 936	8. 835	2. 294	14. 501	0. 000
购买国内技术引进	ln(DT)	360	7. 924	8. 317	2. 346	13. 613	0. 000
研发人员数	lnL	390	8. 537	8. 985	2. 056	13. 531	1. 757
新增固定资产	lnK	390	4. 528	4. 784	142. 328	9. 257	0. 139

三、实证检验

实证检验选取中国 2006 ~ 2018 年各省级高端装备制造业的面板数据，这不仅可以反映出时空上的异质性，而且可以缓解多重共线性问题。考虑到原序列数据可能存在零值，本书对原始数据进行有效处理，保证有效样本量。考虑到面板数据各变量可能存在数据非平稳性问题，本书将检验各变量的平稳性，检验各变量间是否存在协整关系。

（一）平稳性检验

本书使用了 LLC 检验对各变量进行单位根检验；IPS 检验对各变量进行单位根检验；Fisher-ADF 检验对各变量进行单位根检验；Fisher-PP 平稳性检验方法对各变量进行单位根检验。假设这四种检验是有单位根的存在。表 7. 5 至表 7. 6 的检验结果显示，原序列中除了变量 lnFT 为平稳序列，其他大部分变量为非平稳序列，而且各个变量的一阶差分序列均为平稳。

表 7.5　　原序列水平值单位根检验结果

变量	水平值				
	LLC 检验	IPS 检验	Fisher-ADF 检验	Fisher-PP 检验	结论
Ln（Sales）	-5.181*** 0.00	2.213 (1.05)	55.721 (0.65)	72.241 (1.26)	非平稳
ln（PAT）	-3.516*** 0.00	2.016 (1.03)	32.274 (0.43)	63.837 (1.02)	非平稳
ln（RD）	-2.107* (0.03)	2.482 (1.25)	26.501 (0.37)	42.164 (0.92)	非平稳
ln（FT）	-8.110*** 0.00	-3.647*** 0.00	93.157*** 0.00	106.329*** 0.00	平稳
ln（DT）	-4.736*** 0.00	-0.963* (0.18)	51.723 (0.37)	83.671* (1.12)	非平稳
lnRD × lnFT	-5.620** 0.00	-2.173** (0.04)	72.270** (0.42)	67.365* (0.75)	非平稳
lnRD × lnDT	-2.773** 0.03	1.105 (0.20)	43.451** (0.23)	43.832 (0.56)	非平稳
lnL	-4.785*** 0.00	1.757 (0.24)	37.680 (0.15)	63.679 (0.63)	非平稳
lnK	-2.216* (0.06)	4.101 (0.65)	21.75 (0.11)	38.741 (0.35)	非平稳

注：***、**、*分别表示在1%、5%、10%的水平上显著。

表 7.6　　原序列一阶差分单位根检验结果

变量	水平值				
	LLC 检验	IPS 检验	Fisher-ADF 检验	Fisher-PP 检验	结论
Ln（Sales）	-15.732*** 0.00	5.785*** 0.00	182.704*** 0.00	205.323*** 0.00	平稳
ln（PAT）	-29.138*** 0.00	9.842*** 0.00	220.137*** 0.00	331.745*** 0.00	平稳
ln（RD）	-20.215** 0.00	-6.747** 0.00	192.184** 0.00	220.462** 0.00	平稳

续表

变量	水平值				结论
	LLC 检验	IPS 检验	Fisher-ADF 检验	Fisher-PP 检验	
ln（FT）	-13.471 *** 0.00	-5.983 *** 0.00	164.288 *** 0.00	205.286 *** 0.00	平稳
ln（DT）	-14.652 ** 0.00	-8.275 ** 0.00	185.683 ** 0.00	223.683 *** 0.00	平稳
lnRD × lnFT	-14.318 ** 0.00	-6.185 ** 0.00	152.783 ** 0.00	191.268 * 0.00	平稳
lnRD × lnDT	-15.033 *** 0.00	-7.831 0.00	169.847 ** 0.00	206.752 *** 0.00	平稳
lnL	-16.872 *** 0.00	-6.257 *** 0.00	186.538 *** 0.00	252.373 *** 0.00	平稳
lnK	-18.026 *** 0.00	-5.746 ** 0.00	162.481 ** 0.00	201.236 ** 0.00	平稳

注：***、**、* 分别表示在 1%、5%、10% 的水平上显著。

（二）协整检验

利用 KAO 残差协整检验（KAO residual cointegration test，KRCT）检验法检验模型各变量的协整关系，将模型各变量间不存在协整关系作为原假设。从表 7.7 可知 ADF 统计量值显著，且显著性水平为 1%，因此拒绝原假设，这表明模型各变量存在长期稳定的协整关系，进一步应用面板数据对模型进行估计检验。

表 7.7　各模型变量协整结果

模型	ADF 统计量 T 值	P 值
模型（7-11）	-4.141022 ***	0.000
模型（7-12）	-4.520181 ***	0.000
模型（7-13）	-3.638745 ***	0.000
模型（7-14）	-3.873852 ***	0.000
模型（7-15）	-3.773657 ***	0.000
模型（7-16）	-4.263942 ***	0.000

注：*** 表示在 1% 的水平上显著。

（三）回归估计

估计面板数据一般采用固定效应模型和随机效应模型，通过截面（Cross-section）的F检验与Hausman检验完成回归模型的选择。

1. 以新产品销售收入指标衡量突破式技术创新

运用面板数据对回归模型进行检验，检验结果见表7.8。从表7.8可以看出Cross-section的F检验统计量P值显著，且显著性水平为1%；Cross-section的Hausman检验统计量也显著，且显著性水平为1%，两者均拒绝原假设。根据表7.8的检验结果，对模型（7－11）选取固定效用模型进行回归分析。

表7.8　　F检验与hausman检验结果

方法	效应检验	统计量	P值
F检验	Cross-section F	8.897373	(0.0000)***
	Period F	0.538276	(0.8302)
Hausman	Cross-section F	16.73863	(0.0003)***
	Period F	2.938642	(0.5671)

注：***分别表示在1%的水平上显著。

用新产品销售收入指标衡量突破式技术创新，回归分析的结果如表7.9所示。从表7.9可以看出自主研发系数为0.353，且显著性水平为1%；国外技术引进系数为0.085，且显著性水平为5%，而国内技术引进对新产品销售收入的影响系数为负值且不显著。这表明自主研发投入对新产品销售收入具有显著的正向作用，国外技术引进对新产品销售收入也具有显著的正向作用，其中，自主研发对新产品销售收入的影响程度大于国外技术引进对新产品销售收入的影响程度。表7.10的回归结果说明自主研发与国外技术引进的交互项系数为－0.03206，并且在1%水平上显著，这表明国外技术引进与自主研发之间对新产品销售收入的影响可能存在替代效应。从表7.11中可以看出自主研发与国内技术引进的交互项为－0.008431，且不显著，这表明国内技术引进对新产品销售收入的贡献并不影响自主研发对新产品销售收入的贡献，即自主研发对新产品销售收入的影响与国内技术引进对新产品销售收入的影响相互不存在替代关系或互补关系。

表 7.9　　模型（7－11）的回归结果

变量	系数	标准误差	t 统计量	P 值
ln（RD）	0.353***	0.1275	4.663	(0.000)
ln（FT）	0.085**	0.0362	1.785	(0.002)
Ln（DT）	－0.062	0.0461	－0.877	(0.168)
lnL	0.297***	0.1362	1.938	(0.005)
lnK	0.103*	0.0785	1.271	(0.093)

注：***、**、*分别表示在1%、5%、10%的水平上显著。

表 7.10　　模型（7－12）的回归结果

变量	系数	标准误差	t 统计量	P 值
ln（RD）	0.478374***	0.137865	4.897805	(0.0000)
ln（FT）	0.187937***	0.127487	2.837483	(0.0052)
ln（DT）	－0.05638	0.037621	－0.82863	(0.2980)
lnRD × lnFT	－0.03206**	0.010378	－2.37653	(0.0301)
lnL	0.287464**	0.138272	2.183789	(0.0256)
lnK	0.165783*	0.076389	1.785713	(0.0464)

注：***、**、*分别表示在1%、5%、10%的水平上显著。

表 7.11　　模型（7－13）的回归结果

变量	系数	标准误差	t 统计量	P 值
ln（RD）	0.563789***	0.156722	4.523931	(0.0000)
ln（FT）	0.057483***	0.046771	2.027256	(0.0638)
ln（DT）	－0.010295	0.201884	－0.092765	(0.6552)
lnRD × lnDT	－0.008431	0.032897	－0.157276	(0.7264)
lnL	0.356782***	0.163726	2.563875	(0.1029)
lnK	0.102864***	0.092283	1.638691	(0.2028)

注：***、**、*分别表示在1%、5%、10%的水平上显著。

2. 以发明专利申请数指标衡量突破式技术创新

同理可知，运用中国2006～2018年各省市高端装备制造业的面板数据对上述回归模型进行检验，检验结果如表7.12所示。从表7.12可以看出Cross-section的F检验统计量P值在1%水平上显著，Cross-section的Hausman检验统计量在1%水平上显著，两者也均拒绝原假设，个体效应与解释变量相关。根据表7.12检验结果，对模型（7－14）、模型（7－15）和模型（7－16）选取固定效用进行回归分析。

表7.12　F检验与Hausman检验结果

方法	效应检验	统计量	P值
F检验	Cross-section F	7.560582	(0.0000)***
	Period F	6.273867	(0.000)
Hausman	Cross-section F	10.168231	(0.003)***
	Period F	21.266158	(0.000)

注：***表示在1%的水平上显著。

以发明专利申请数衡量突破式技术创新，回归结果如下：从表7.13中，可以看出，自主研发投入系数为0.657736，在1%显著性水平上显著；国外技术引进系数为－0.064679，在5%显著性水平上显著；国内技术引进系数为0.047928，并且在1%显著性水平上显著。这表明自主研发对突破式技术创新产生显著的正向影响，国内技术引进对突破式技术创新也产生显著的正向影响，而国外技术引进对突破式技术创新存在显著的负向影响。从表7.14中可以看出国外技术引进与自主研发的交互项回归系数为0.043721，在5%显著性水平上显著，这表明对突破式技术创新的影响，国外技术引进与自主研发之间可能存在互补效应。从表7.15中可以看出自主研发与国内技术引进的交互项回归系数为0.062018，并且在1%显著性水平上显著，这表明对于突破式技术创新的影响，自主研发与国内技术引进之间可能存在互补的关系。

表 7.13　　模型（7-14）的回归结果

变量	系数	标准误差	t 统计量	P 值
ln（RD）	0.657736***	0.092747	6.620381	(0.0000)
ln（FT）	-0.064679**	0.037032	-2.37219	(0.0532)
ln（DT）	0.047928***	0.030281	2.027446	(0.0508)
lnL	0.102886	0.138014	0.902833	(0.3840)
lnK	0.302886***	0.073806	4.028683	(0.0000)

注：***、** 分别表示在 1%、5% 的水平上显著。

表 7.14　　模型（7-15）的回归结果

变量	系数	标准误差	t 统计量	P 值
ln（RD）	0.612275***	0.120376	6.026651	(0.0000)
ln（FT）	-0.402877***	0.092878	-4.763721	(0.0000)
ln（DT）	-0.063021**	0.036277	1.893775	(0.1020)
lnRD × lnFT	0.043721**	0.010435	4.835536	(0.0015)
lnL	0.083735***	0.126761	0.938766	(0.3070)
lnK	0.201181***	0.208247	3.456281	(0.0013)

注：***、** 分别表示在 1%、5% 的水平上显著。

表 7.15　　模型（7-16）的回归结果

变量	系数	标准误差	t 统计量	P 值
ln（RD）	0.602816***	0.142867	4.654828	(0.000)
ln（FT）	-0.062845*	0.037828	-1.827165	(0.086)
ln（DT）	-0.535663***	0.134022	-3.937481	(0.002)
lnRD × lnDT	0.062018***	0.020375	1.580366	(0.000)
lnL	0.010506	0.124066	0.093760	(0.902)
lnK	0.000102***	0.073669	1.202645	(0.000)

注：***、* 分别表示在 1%、10% 的水平上显著。

四、分地区样本的估计检验

由于中国各省份经济发展与自然资源禀赋存在较大的差异，各省份高端装备制造业的自主研发投入也存在较大差异，引进的技术水平各不相同，这对突破式技术创新的影响可能存在区域差异。根据中国地区划分为东部地区、中部地区和西部地区，估计检验各地区高端装备制造业自主研发投入和技术引进对突破式技术创新的影响，同理，先分别进行单位根检验与协整检验。

（一）平稳性检验

在水平值情况下，各变量面板数据的单位根检验结果如表7.16所示，结果显示各变量的原序列为非平稳序列；在一阶差分情况下各变量面板数据的单位根检验结果如表7.17所示，结果显示各变量的一阶差分序列均为平稳。

表7.16　　水平值单位根检验结果

变量	东部地区			中部地区			西部地区		
	LLC	IPS	结论	LLC	IPS	结论	LLC	IPS	结论
Ln(Sales)	1.627 0.052	1.451 0.121	非平稳	2.015 0.025	1.107 0.753	非平稳	4.636 0.004***	0.573 0.053	非平稳
ln(PAT)	2.162 0.074	1.615 0.397	非平稳	1.937 0.002***	1.873 0.911	非平稳	3.182 0.366	1.618 0.834	非平稳
ln(RD)	1.526 0.043	2.879 0.561	非平稳	0.648 0.236	2.837 0.815	非平稳	1.620 0.080	1.471 0.743	非平稳
ln(FT)	2.651 0.000	2.025 0.027	平稳	3.573 0.004***	2.931 0.013***	平稳	2.467 0.103	1.512 0.803	平稳
ln(DT)	0.772 0.364	1.873 0.877	非平稳	0.928 0.001***	2.636 0.105	非平稳	0.839 0.025	0.522 0.049	非平稳

续表

变量	东部地区			中部地区			西部地区		
	LLC	IPS	结论	LLC	IPS	结论	LLC	IPS	结论
lnRD × lnFT	2.375 0.013	0.622 0.071	非平稳	3.735 0.000	1.873 0.093	非平稳	1.924 0.097	0.832 0.081	非平稳
lnRD × lnDT	0.632 0.379	2.974 0.923	非平稳	2.936 0.001	0.951 0.0909	非平稳	0.703 0.071	0.952 0.091	非平稳
lnL	3.216 0.008	1.837 0.815	非平稳	0.652 0.216	1.937 0.1925	非平稳	2.104 0.083	0.675 0.059	非平稳
lnK	0.825 0.327	2.634 0.868	非平稳	2.839 0.003	1.723 0.1651	非平稳	1.452 0.066	2.762 0.927	非平稳

注：*** 表示在1%的水平上显著。

表 7.17　　一阶差分单位根检验结果

变量	东部地区			中部地区			西部地区		
	LLC	IPS	结论	LLC	IPS	结论	LLC	IPS	结论
Ln(Sales)	3.655*** 0.012	3.027** 0.009	平稳	4.938*** 0.000	2.012** 0.042	平稳	2.622*** 0.006	3.067*** 0.013	平稳
ln(PAT)	6.023*** 0.000	2.831*** 0.005	平稳	3.011*** 0.001	1.873** 0.035	平稳	5.037*** 0.003	4.161*** 0.017	平稳
ln(RD)	3.205*** 0.000	1.302 0.103	平稳	5.124*** 0.001	2.572*** 0.012	平稳	6.025*** 0.006	4.778*** 0.020	平稳
ln(FT)	6.857*** 0.002	3.557 0.010	平稳	3.025*** 0.003	2.271*** 0.009	平稳	2.948*** 0.002	2.038** 0.006	平稳
ln(DT)	5.736*** 0.001	3.416*** 0.008	平稳	4.538*** 0.001	2.643*** 0.005	平稳	4.016*** 0.007	2.012*** 0.007	平稳
lnRD × lnFT	3.563*** 0.000	1.906 0.003	平稳	1.012 0.125	1.0126 0.102	平稳	1.923** 0.024	1.627** 0.004	平稳
lnRD × lnDT	4.638*** 0.001	2.738** 0.032	平稳	1.673** 0.132	1.735* 0.113	平稳	1.067 0.109	1.165* 0.109	平稳
lnL	6.013*** 0.001	3.847*** 0.020	平稳	8.277*** 0.001	1.264* 0.102	平稳	9.171*** 0.013	4.023** 0.010	平稳
lnK	3.026*** 0.000	2.203*** 0.004	平稳	3.628*** 0.003	2.017*** 0.201	平稳	2.535*** 0.004	2.120** 0.021	平稳

注：***、**、*分别表示在1%、5%、10%的水平上显著。

（二）协整检验

对各变量分地区样本进行协整检验，检验结果如表 7. 18 所示。从表 7. 18 中可以看出东部地区、中部地区、西部地区的样本各变量之间均存在长期协整关系。

表 7. 18　　各模型变量分样本协整结果

模型	东部地区		中部地区		西部地区	
	ADF-T 值	P 值	ADF-T 值	P 值	ADF-T 值	P 值
模型（7－11）	－3. 932	0. 0002	－3. 185	0. 0008	－3. 526	(0. 0002)
模型（7－12）	－3. 721	0. 0001	－3. 372	0. 0005	－3. 742	(0. 0001)
模型（7－13）	－3. 657	0. 0002	－3. 568	0. 0003	－3. 108	(0. 0005)
模型（7－14）	－3. 264	0. 0005	－4. 129	0. 000	－5. 158	(0. 000)
模型（7－15）	－4. 456	0. 0000	－4. 652	0. 000	－5. 491	(0. 000)
模型（7－16）	－4. 102	0. 0000	－4. 238	0. 000	－5. 776	(0. 000)

（三）回归估计检验

1. 以新产品销售收入作为突破式技术创新的衡量指标

从表 7. 19 的估计结果看，就自主研发投入而言，在东部地区，自主研发投入对其新产品销售收入的系数为正，并且在 1% 的显著性水平上显著，表明自主研发对东部地区突破式技术创新具有显著的正向作用；在西部地区，自主研发投入对其新产品销售收入的系数为正，并且在 10% 的显著性水平上显著，表明自主研发投入对西部地区突破式技术创新具有显著的促进作用；而在中部地区，自主研发投入对其新产品销售收入不显著，表明自主研发投入对中部地区突破式技术创新没有显著地促进作用。

在东部地区，国外技术引进对新产品销售收入的影响系数为正，且在 1% 显著性水平上显著，这表明国外技术引进对东部地区突破式技术创新有显著的正向影响；而国外技术引进对在中西部地区的新产品销售收入影响

表 7.19　回归检验结果

变量	东部地区			中部地区	西部地区
	模型（7-11）	模型（7-12）	模型（7-13）	模型（7-11）	模型（7-11）
ln（RD）	1.216*** 4.327	1.303*** 4.469	1.426*** 4.763	0.283 1.105	0.455* 1.839
ln（FT）	0.204*** 3.012	0.395*** 3.527	0.177** 1.876	-0.003 -0.076	0.043 0.402
ln（DT）	-0.218*** -1.563	-0.122*** -1.268	0.457*** 2.873	0.135* 1.454	-0.079 -1.292
lnRD × lnFT		-0.051*** -2.577			
lnRD × lnDT			-0.074*** -3.372		
lnL	0.197 1.891	0.203*** 2.238	0.329** 2.533	0.093 0.834	0.385 2.237
lnK	-0.320*** -4.023	-0.215*** -2.657	-0.197** -2.338	0.634** 5.936	0.275 2.461

注：***、**、*分别表示在1%、5%、10%的水平上显著。

不显著，表明国外技术引进对中西部地区突破式技术创新没有显著地促进作用。

在东部地区，国内技术引进对新产品销售收入的影响系数为负，且在1%显著性水平上显著，表明国内技术引进对东部地区突破式技术创新产生显著的负向影响；在中部地区，国内技术引进对新产品销售收入的影响系数为正，且在10%显著性水平上显著，表明国内技术引进对中部地区突破式技术创新产生显著的正向影响；在西部地区，国内技术引进对突破式技术创新的影响不显著。研究表明自主研发投入、国内技术引进和国外技术引进对突破式技术创新呈现出较大的地区差异。

检验结果显示，在东部地区自主研发与国外技术引进的交互项，以及自主研发与国内技术引进的交互项在统计上系数均为负，且均在1%的显著性水平上显著，这表明东部地区国内外技术引进与自主研发产生替代效应。

2. *以发明专利申请数指标衡量突破式技术创新*

由表7.20可知，东部地区的自主研发投入对发明专利申请数的影响系数为正，并且在1%显著性水平上显著，这表明自主研发投入对东部地区突破式技术创新具有显著地促进作用；中部地区的自主研发投入对发明专利申请数的影响系数为正，并且在10%显著性水平上显著，这表明自主研发投入对中部地区突破式技术创新具有显著的正向影响；西部地区的自主研发投入对发明专利申请数的影响系数为正，并且在1%显著性水平上显著，这表明自主研发投入对西部地区突破式技术创新具有显著的正向影响，这与全部样本估计结果相一致。

表7.20　　回归检验结果

变量	东部地区		中部地区		西部地区
	模型（7-14）	模型（7-16）	模型（7-14）	模型（7-16）	模型（7-14）
ln（RD）	0.361*** 3.1527	0.417*** 2.0261	0.573* 3.7256	0.859 3.1853	0.964*** 4.5719
ln（FT）	-0.021 -0.2638	-0.247 -2.4625	-0.036* 0.1562	-0.071 -1.1968	-0.057* -1.4382
ln（DT）	0.168*** 2.0273	0.109*** 2.0143	0.116*** 1.0217	0.826 2.7028	0.085 0.7359
lnRD×lnFT	—	—	—	—	—
lnRD×lnDT		0.031*** 0.019		-0.059 0.037	
lnL	0.367*** 1.3751	0.247** 2.1462	0.014 0.0156	-0.058 0.5723	-0.551** -2.2397
lnK	0.149*** 1.4728	0.082 0.8472	0.325*** 3.2739	0.368 3.4707	0.105 0.9018

注：***、**、*分别表示在1%、5%、10%的水平上显著。

在东部和中部地区，国内技术引进对发明专利申请数的影响系数均为正，并且在1%显著性水平上显著，这表明国内技术引进对东部和中部地区突破式技术创新产生显著正向的影响；而在西部地区，国内技术引进对发明专利申请数的影响系数为正，但不显著，这表明国内技术引进对西部地区突破式技术创新的影响不显著。

就国外技术引进的影响而言，在东部地区，国外技术引进对突破式技术创新的影响不显著。而在中西部地区，国外技术引进对发明专利申请数的影响均为负，并且在10%显著性水平上显著，这表明国外技术引进对中西部地区突破式技术创新产生较为显著的负向作用。

此外，在东部地区，自主研发与国内技术引进的交互项系数为正，并且在1%显著性水平上显著，这表明在东部地区国内技术引进与自主研发交互作用对突破式技术创新起到促进作用。而在中部地区，自主研发与国内技术引进的交互项系数为负，但不显著，这表明在中部地区国内技术引进与自主研发交互作用对突破式技术创新没有影响。

五、实证结论

以中国高端装备制造业为研究对象，以自主研发、技术引进为主要解释变量，以突破式技术创新为主要被解释变量，对知识生产函数进行拓展，构建有关自主研发、技术引进与突破式技术创新等变量的投入产出拓展模型，运用中国高端装备制造业2006~2018年省级面板数据，对模型进行回归分析。先利用相关数据对变量进行单位根检验、协整分析，再利用Hausman检验选取固定效应估计模型，借助Eivews11.0分析软件进行一系列实证分析。实证研究发现：

第一，全样本研究结果表明，用新产品销售收入指标衡量突破式技术创新，这表明自主研发投入对新产品销售收入具有显著的正向作用，国外技术引进对新产品销售收入也具有显著的正向作用，其中，自主研发对新产品销售收入的影响程度大于国外技术引进对新产品销售收入的影响程度。国外技术引进和自主研发对新产品销售收入的影响可能相互存在一定的替代效应，国内技术引进对新产品销售收入的贡献并不影响自主研发对新产品销售收入的贡献，即自主研发对新产品销售收入的影响与国内技术引进对新产品销售收入的影响相互不存在替代关系或者互补关系。以发明专利申请数衡量突破式技术创新，回归结果表明自主研发对突破式技术创新产生显著的正向影响，国内技术引进对突破式技术创新也产生显著的正向影响，而国外技术引进对突破式技术创新存在显著的负向影响。表明对突破式技术创新的影响，国外技术引进与自主研发之间可能存在互补效应，自主研发与国内技术引进之间可能存在互补的关系。

第二，分样本研究结果表明，以新产品销售收入衡量突破式技术创新，自主研发对东部地区突破式技术创新具有显著的正向作用，自主研发投入对西部地区突破式技术创新具有显著的促进作用；而在中部地区，自主研发投入对其新产品销售收入不显著，表明自主研发投入对中部地区突破式技术创新没有显著地促进作用。国外技术引进对东部地区突破式技术创新有显著的促进作用，而对中西部地区突破式技术创新没有显著地促进作用。国内技术引进对东部地区突破式技术创新产生显著的负向影响，对中部地区突破式技术创新产生显著的正向影响，而国内技术引进对突破式技术创新的影响不显著。上述研究表明自主研发投入、国内技术引进和国外技术引进对突破式技术创新呈现出较大的地区差异。检验结果进一步表明，东部地区国内外技术引进与自主研发产生替代效应。

第三，分样本研究结果进一步表明，以发明专利申请数衡量突破式技术创新，自主研发投入对东部地区突破式技术创新具有显著的正向影响，对中部地区突破式技术创新具有显著的正向影响，对西部地区突破式技术创新具有显著的正向影响，这与全部样本估计结果相一致。国内技术引进对东部和中部地区突破式技术创新产生显著正向的影响，对西部地区突破式技术创新的影响不显著。国外技术引进对东部地区突破式技术创新的影响不显著，而国外技术引进对中西部地区突破式技术创新产生较为显著的负向作用。此外，国内技术引进与自主研发交互作用对东部地区突破式技术创新起到促进作用，而国内技术引进与自主研发交互作用对中部地区突破式技术创新没有影响。

第四节　本章小结

在调查研究获取相应数据的基础上，通过构建计量模型并利用 2003 ~ 2018 年中国省级面板数据，实证检验创新投入、技术商业化、知识学习吸收、自主研发等主要因素对中国高端装备制造业突破式技术创新的影响。实证结果得到如下结论：

第一，研发资金投入和研发人员投入对中国高端装备制造业突破式技术创新均具有显著地促进作用，相对而言，研发人员投入对高端装备制造业突破式技术创新的溢出效应更为显著。要加强对行业核心技术研发的资金投入和人员投入，大力培养和引进行业尖端研发人才，提升核心技术的自主研发能力和创新突破能力。

第二，技术创新商业化对高端装备制造业突破式技术创新产生显著的正面影响，开展技术创新的商业化应用活动有助于提高产业突破式技术创新能力。政府部门鼓励行业企业开展科技创新的商业化应用活动，完善技术市场交易平台，加快自主核心技术的商业化应用，提升行业核心技术的创新突破能力。

第三，知识学习吸收对企业突破式技术创新具有显著的正向影响，知识学习与知识吸收存在正相关关系，增强吸收能力有助于企业加大对知识的学习。政府鼓励企业加大对知识学习和增强吸收能力的投入力度，提升突破式技术创新能力。

第四，以新产品销售收入衡量突破式技术创新，自主研发对突破式技术创新具有显著的正向作用；以发明专利申请衡量突破式技术创新，自主研发对突破式技术创新具有显著的正向影响。分地区样本研究结果进一步表明，自主研发投入对中国东部、中部和西部地区突破式技术创新均具有显著的正向影响，这与全国样本估计结果相一致。

第八章　中国高端装备制造业突破式技术创新的路径研究

基于中国高端装备制造业突破式技术创新的现状，结合理论分析与实证研究的结论，借鉴国际经验，系统探讨中国高端装备制造业突破式技术创新。从企业微观、产业中观和政策宏观三个层面探寻实现高端装备制造业突破式技术创新的最优路径。重点结合中国智能制造业、航空装备制造业、轨道交通装备业和海洋工程装备业，阐述微观企业如何通过自主研发创新和技术引进消化吸收再创新，实现高端装备制造企业突破式技术创新。

第一节　高端装备制造企业突破式技术创新路径

一、高端装备制造企业自主研发原创路径

企业既是高端装备制造业突破式创新的主体，也是实现高端装备制造业突破式创新的关键。增强企业自主研发的意识，在国家产业政策指引下鼓励企业自主研发，重视和鼓励高端装备制造业零部件和功能件研制，发展一批具有主导地位的创新型领军企业。

1. 制订与实施“创新专项计划”

结合《中国制造2025》，依托国家重点工程建设和重大技改项目，实

施一批创新带动作用强的项目，通过项目建设加快关键装备、先进制造工艺、特色工艺等生产线建设，提高关键技术和产品的原创性研发能力，推动高端装备制造企业创新能力的快速跃升，促进研发设计企业与制造企业协同创新，建立企业为主体的集成创新体系。

2. 优化企业组织和产业组织

企业是技术创新的主体，优化企业微观组织关键是改善公司治理水平和优化企业组织设计。一方面确立企业创新主体地位，健全自主研发创新的组织机制，引导企业组织追求可持续的创新竞争优势，提高企业研发创新的人力资本水平和资金投入水平。另一方面优化企业组织设计，克服企业根本性创新的困境，实现创新资源积累与技术创新有效结合，同时优化产业组织，完善产业技术创新网络系统，推进产业技术创新专业化分工与协作。

3. 加强国际技术交流与研发合作

增加企业研发投入，加快高端装备制造企业在海外建立研发中心和技术实验室，利用海外研发中心和技术实验室及时获取最先进技术，了解国际前沿技术信息并及时获得信息反馈；加快国内企业与国外企业合作设立联合研发机构，积极参与国际性的技术研发活动，学习国外研发机构的先进方法开发新产品，增强中国装备制造企业突破式技术创新的能力，形成一批原创能力强、具有国际影响力的企业。

4. 培养和引进创新领军人才

人力资源是企业技术创新的重要源泉，把培养和引进创新领军人才纳入企业发展战略，注重内生能力培养，突破现有技术范式。采取措施建立健全包括创新人才培训、聘用、选拔和提升在内的创新人才资源开发体系，培养领军创新人才；积极引进国外研发领军人才和组织管理经验，探索技术路径突破节点，完善创新机制和激励机制，发挥研发领军人才在实施研究与开发战略中的聪明才智。

二、高端装备制造企业“引进吸收再创新”路径

大力实施引进、吸收再创新工程是一条实现突破式技术创新的重要路径。基于中国高端装备制造业关键零部件依赖进口的现状，在引进、消化吸收的基础上进行再创新，可以快捷地掌握核心技术，实现制造业高端突破和创造跨越。

1. “引进—吸收—自主再创新”路径

在技术全球化背景下，中国高端装备制造企业获取国外先进技术更加容易，获取外部技术资源的途径也更加广泛。在技术引进阶段，中国装备制造企业通过并购国外高端创新企业、购买先进技术或中间品等形式直接引进先进技术，或通过建立研发合作联盟和引进高技术人才等方式多途径间接引进先进技术；在消化吸收阶段，高端装备制造企业加大人力投入与资金投入，进行组织学习并有效吸收先进技术，通过企业研究开发将吸收的技术应用到实际工程领域；在自主再创新阶段，技术消化和吸收的基础上，进一步通过技术产品的二次创新和集成创新，实现高端装备制造业技术自主创新，推动相关装备制造业迈向全球价值链和创新链的中高端层级。

2. 技术引进与自主研发协同路径

将外部技术引进与内部自主研发相结合是实现企业突破式技术创新的有效路径。内外部知识的互补性决定了技术引进与自主研发的互动作用，一方面，技术知识具有规模经济的特征，利用技术的区域范围越大，技术扩散速度就越快；另一方面，企业突破式技术创新不仅取决于企业本身技术开发能力，而且取决于企业对外源技术的获取吸收能力。企业消化吸收外源技术以企业自身具备一定研发能力为基础，而企业自身进一步研发创新则需要借助外部技术资源来补充，通过强化自身研发与吸收外部技术资源的协同作用，推动企业技术研发创新能力的积累，从而实现企业较高层

次技术的引进消化吸收再创新和集成创新。引进吸收外源技术是企业技术自主创新的启发源，企业通过外源技术的引进、消化吸收进一步积累创新知识，提高自主技术研发能力和绩效，而自主研发的创新绩效又为企业技术引进、消化吸收再创新提供研发基金。因此，中国装备制造企业应加大自身研发投入，充分利用外源技术与自主研发相结合，促进较高层次技术的消化吸收再创新和集成创新，这也是中国装备制造企业实现突破式技术创新的有效途径。

3. 建立技术交流平台和实验平台路径

构建技术信息交流平台，扩大外源技术的信息来源，高端装备制造企业利用技术信息交流平台及时获取外源技术的信息，通过对外源技术的规划引导和统一搜索，引进真正需要的先进技术，并对引进技术进行消化吸收再创新，提升技术创新能力。通过技术信息交流平台，企业不仅降低了获得外源技术信息的成本，而且提高了获得外源技术信息的效率。与此同时，积极构建实验平台，共享电脑系统、通信系统、技术分析系统等实验技术设备系统，可以降低科研成本，提高科研效率。

第二节　高端装备制造产业集群突破式技术创新路径

在分析高端装备制造企业突破式创新路径的基础上，进一步基于产业中观的角度提出高端装备制造产业集群突破式技术创新路径。该路径主要是以空间地理相对集聚的集群企业为核心，通过专业化分工协作与竞争，形成创新集聚效应，实现高端装备制造产业集群突破式技术创新。

一、基于产业集群供应链的突破式技术创新路径

该路径是高端装备制造产业集群主导企业与供应链上下游相关主体形

成协同创新的一种模式，集群企业获取技术创新的各类信息知识，实现知识在供应链上下游的流动整合和共享，提升集群企业技术创新能力和技术创新效率。一方面，高端装备制造主导企业与供应商等供应链上游相关主体建立供需信息共享系统，降低企业采购运输、技术学习和知识搜寻等成本；另一方面，高端装备制造主导企业与中间商、客户等供应链下游相关主体沟通互动，促进市场知识、竞争知识和客户知识等在供应链中流动和整合，引导市场知识和客户知识渗透到企业技术创新全过程，更好满足市场需求。高端装备制造产业集群企业通过与上下游企业或客户的合作，加速知识流动和知识消化吸收，形成知识积累并重构知识体系，不断开发与市场需求更适用的新产品和新技术，促进集群企业产品创新和技术创新，提高了客户对集群企业的满意度；同时，通过产业集群供应链形成技术创新扩散，提升集群企业技术创新能力和产品竞争力。基于产业集群供应链的突破式技术创新路径如图 8.1 所示。

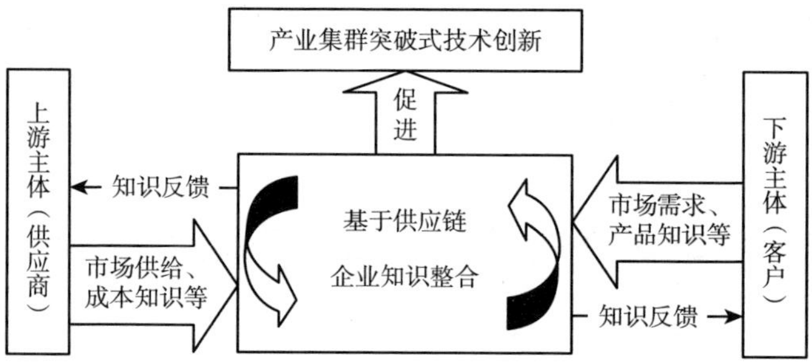

图 8.1　基于产业集群供应链的突破式技术创新路径

二、基于产业集群战略联盟的突破式技术创新路径

技术创新路径是围绕创新链和产业链形成高度专业化分工协作与创新合作的一种模式，由集群企业、大学、科研机构和政府共同构成产业集群的产学研战略联盟，以集群企业创新需求和各方共同利益为基础，通过联合开发、优势互补，形成技术创新合作网络，实现产业突破式技

术创新。高端装备制造业重大装备的研制突破更多由产业集群的产学研战略联盟完成，产学研战略联盟基于创新链和产业链形成高度专业化分工和创新合作的网络体系，有效集聚网络创新资源。高端装备集群企业通过产学研战略联盟与大学、科研机构开展技术合作，学习先进技术知识，消化吸收和整合隐性知识，获取先进研发经验，提升企业技术创新能力，也加速了知识创新和技术扩散，实现产业技术合作与协同创新，进而实现产业重大装备研制的突破。同时，由于联盟内部知识资源的多样性以及不同技术轨道上的创新需求与知识资源的匹配性，高端装备制造企业通过获取多样性的知识资源，不断吸收联盟成员多样性优势知识并进行内化整合，实现不同技术轨道的合作与协同创新，也体现了突破式技术创新的复杂性。基于产业集群战略联盟的突破式技术创新路径，如图 8. 2 所示。

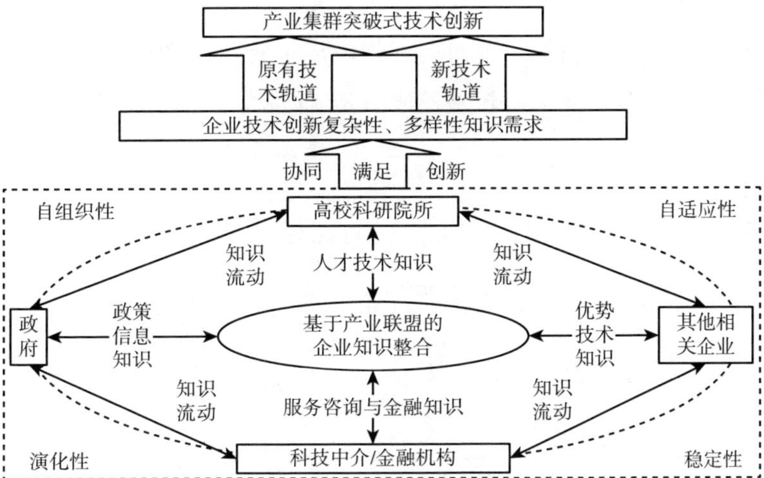

图 8. 2　基于产业集群战略联盟的突破式技术创新路径

三、基于产业集群创新平台的突破式技术创新路径

突破式技术创新路径是借助创新平台整合人才、技术、信息、知识等

创新资源，推动产业关键共性技术突破、成果转化及产业化的一种模式。依托产业重点实验室、研发中心、科技孵化器等构建高端装备制造产业集群创新平台，对产业关键技术进行联合开发，并在重点企业实现产业化。由于集群企业在共性技术研发、成果转化及产业化等不同阶段对知识需求存在差异，创新平台根据集群企业不同创新阶段的知识需求进行资源选择与匹配，并提供专业技术、技术转移、科技咨询和成果转化等系列创新服务，以满足集群企业在不同创新阶段的知识需求；集群企业则根据平台提供创新服务，评估其知识需求与平台创新服务供给的匹配程度。在此过程中，集群企业就创新服务与创新平台进行多次沟通互动后，依托创新平台获取专业技术、技术转移、科技咨询和成果转化等系列创新服务，实现创新知识的对接和转化。随着加盟企业数量的增加，创新平台不断扩大创新资源规模，通过合理分工创新资源，有效衔接知识需求和创新服务供给，推动产业集群持续进行知识积累和技术创新，实现产业集群共性技术和重大关键技术的突破式创新，进而实现创新成果转化及产业化。基于产业集群创新平台的突破式技术创新路径如图 8. 3 所示。

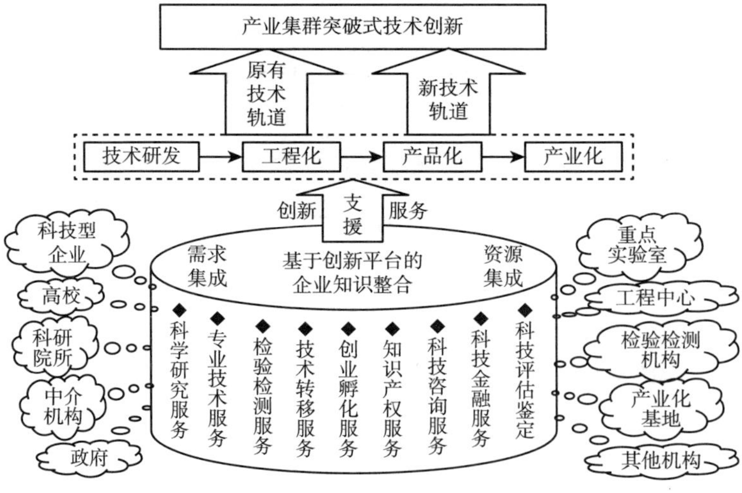

图 8. 3　基于产业集群创新平台的突破式技术创新路径

第三节　高端装备制造业政策机制的突破式创新路径

在分析产业集群突破式技术创新路径的基础上，进一步从政策宏观角度提出高端装备制造业发展政策的突破式创新路径。

一、高端装备制造业技术市场化创新路径

（一）大力开展“首套”示范工程

高端装备制造业发展一定程度上取决于市场需求，由于高端装备制造企业研发的“首套”产品相对不够成熟，需要在应用中持续改进，用户购买“首套”产品存在一定风险。政府通过制定“首套”采购政策，首先，采购高端装备制造企业研发的“首套”产品，推动“首套”产品的应用和改进；其次，通过示范工程促进“首套”产品的推广应用，开展示范工程是发展“首套”的良好途径。最后，政府设立“首套”用户风险金，鼓励“首套”产品在高端装备制造业中广泛推广与应用。

（二）利用产业集群品牌和市场效应

集群企业和产业创新平台通过分工合作攻克关键核心技术，实现核心技术创新，创新的波动效果促使新技术产品的配套设施迅速完备，加快新技术产品的商业化过程。由于产业集群内部已经形成完善的营销渠道和相关服务机构，产业集群利用自身的品牌效应和市场渠道，推动新技术市场化；建立科研成果转化的拨款机制，依托集群科技成果转化推广服务机构，推动新技术产品商业化。

（三）设立高端装备制造业产业基金

政府引导设立高端装备制造产业基金，支持集群企业自主研发或引进

国外高端装备，并进行消化吸收和再创新；支持集群企业利用产业基金购买“首套”高端装备产品。政府利用产业基金通过发放政策性贷款，采用贴息、低息和无息形式，支持用户购买高端装备制造业研发的“首套”产品。

二、高端装备制造业研发协同机制创新路径

（一）设计技术引进与自主研发互动创新机制

技术引进与自主研发是相辅相成、紧密互动，引进外源技术是自主创新的技术启发源，也是突破式创新的有效路径。一方面，政府鼓励企业设立自主研发创新基金，每年从产出绩效中提取一定比例资金用于自主研发创新，并对技术引进消化吸收创新给予研发补助。另一方面，政府鼓励企业与科研机构合作创新，通过制定政策制度赋予产业技术联盟和公共科研机构以相应的权利与义务，企业联合产业技术联盟、公共科研机构，以开放式创新形式研发行业关键技术，实现突破式再创新和原始创新。

（二）设计技术引进与自主创新激励相容机制

鉴于自主研发创新和技术引进消化吸收再创新的约束与激励手段都存在区别，政府要加强对技术创新要素资源配置和作用过程的有效监督。首先，建立自主创新过程监督与绩效评估机制。激励企业、大学、科研机构等自主创新多元主体的协同创新，鼓励对重大自主创新项目申报、技术引进等方面进行协同创新，提升技术引进对突破式技术创新绩效的贡献度。其次，建立健全国内外产业技术信息数据库，避免重复引进技术。跟踪监督国家重点企业的技术引进和重点行业的大规模技术引进，设置两次技术引进之间的技术差距标准，鼓励高端装备制造企业走技术引进、突破式技术再创新之路。

（三）创新产业链与创新链的协同机制

充分利用全球创新资源和市场资源，通过体制机制创新激发中国市场活力，培育中国高端装备制造业特色产业链。完善扶持政策，注重产业链发展向产业链与创新链协同转变。聚焦高端装备制造业重点领域，找出高端装备制造产业链技术要求与技术链技术水平的差距，依托重点企业和科研机构提升产业创新能力，构建高端装备制造产业技术创新链，利用高端装备制造业的技术创新链消除技术差距，协调平衡产业链、技术链和技术创新链的关系，推动高端装备制造企业从模仿创新走向自主创新。

三、高端装备制造业研发支持政策创新路径

政府有效的研发支持政策对发展中国高端装备制造业突破式创新具有重要的作用。

（一）构建产业基础共性技术研发网络系统

政府发挥主导作用，加强基础理论研究和关键共性技术研究，建立行业基础共性技术研发中心和成果推广应用机构，积极引导行业骨干企业、科研院所、政府相关部门等共同参与，通过跟踪国际前沿技术及其发展趋势，构建产业基础共性技术研发网络系统，化解企业研发创新的风险和外部性。同时，通过成果推广应用机构，将理论成果推广应用到产业各个领域，形成资源整合和优化配置的产业技术创新网络体系。

（二）培育自主研发创新产品的市场需求

结合《中国制造 2025》，充分利用中国工业现代化发展对高端装备制造业的市场效应，形成中国高端装备制造业巨大的市场需求。重点以政府首购与采购模式以及市场化运作机制创新等方式，培育高端装备制造企业

自主研发创新产品的市场需求，进而对中国高端装备制造企业自主研发创新形成市场拉动效应，推动高端装备制造企业自主突破式创新。

（三）因地制宜实施高端装备制造业研发战略

结合中国高端装备制造业发展的实际，制定并实施不同地区差异化的产业研发战略。由于中国东部地区自主研发的人才、资金相对较多，自主研发基础较好，对国外先进技术消化吸收的能力较强，重点采用“引进消化吸收再创新”和自主创新相结合的方式实现技术创新，通过对国外技术引进消化吸收实现二次创新和原始创新；相对而言，中国中西部地区研发资源较少，研发能力比较薄弱，重点采用先培育自主研发能力，再利用地区优势引进国外或东部地区先进技术，从而实现技术再创新。

第四节　高端装备制造细分行业的突破式技术创新路径

围绕实施《中国制造 2025》战略，加快高端装备制造业关键技术与核心部件的突破创新，推进重大装备的工程化和产业化，促进产业链与创新链协调发展，塑造中国智造新形象。力争到2020 年，高端装备制造业产值规模超过 12 万亿元。

一、推动智能制造关键技术研发与产业化路径

首先，围绕工业机器人产业体系的构建，研发突破高精度、高性能的减速器和控制器等核心零部件及其关键技术，重点发展高精度、高性能的中高端工业机器人和服务机器人。其次，研发突破多轴、高精度高档数控系统等关键部件及其应用软件，加快研发精密高效、柔性的高档数控机床及其集成制造系统，建立智能加工中心，并加以推广应用与产业化。最后，研发突破智能传感控制装备、智能物流仓储装备等“首套”装备，深

度融合新一代信息技术与制造技术，推进数字化设计、智能物流和装备智能化等推广应用，建设具有自主知识产权的机器人自动化生产线、智能工厂和数字化车间，并在智能制造重点领域实施机器人自动化生产线应用示范工程、数字化车间示范工程和智能工厂示范工程，打造智能制造体系和智能制造高端品牌，推动智能制造装备产业化。

二、加快航空核心技术自主研发与产业化路径

加快航空发动机的自主研发和产业化，以航空发动机及燃气轮机重大专项为依托，研发突破航空发动机关键技术。重点发展千瓦级大型涡轴发动机、千瓦级涡扇发动机和大型航空涡轮发动机，推进新型发动机在直升机和运输机等航空市场的广泛应用。以民用飞机科研为支撑，研发突破一批航空核心技术、零部件和系统集成，实现民用飞机核心技术的集成创新，重点以研制系列化双通道宽体客机和大型客机为依托，研制系列化新型涡桨发动机航空器和涡扇航空器，推进新型民用飞机示范运营、设计优化和市场推广，推进民用航空产品产业化发展。加快自主研发航空材料和基础元器件，掌握航空复合材料加工制造核心技术；建设航空科研试验重大基础设施，突破一批适航关键技术，构建新型民用航空产品产业配套和客户服务体系。优先突破高分辨率、高精度可靠的有效载荷技术和遥感数据处理技术，发展大承载量的航空航天应用平台技术。

三、推进轨道交通关键系统突破与技术集成路径

研发突破轨道交通装备产业关键系统和零部件，加快研发绿色智能化集成技术。重点研发轨道交通各类牵引制动系统、网络控制信号系统、电传动智能系统、车钩缓冲与节能系统等，加快研发高性能转向架、齿轮箱、轻量化车体等关键零部件，研发突破永磁电机驱动技术、全自动运行

技术和基于5G移动通信的无线综合承载技术，形成高速铁路列控系统和城际铁路列控技术标准体系；研制先进可靠的系列产品，加快新技术、新系统、新部件的综合应用和产业化，重点研发制造500公里/小时的轮轨试验列车和产业化，研发制造600公里/小时的磁悬浮系统新型列车和产业化，研发应用跨座式单轨和自动导轨快捷运输系统，建立轨道交通车辆新型技术标准和新型技术规范，构建现代轨道交通装备产业创新体系，推进轨道交通装备产业的智能化发展，推进轨道交通装备产业的绿色化发展和平台化发展，打造具有国际竞争力的轨道交通装备产业链。

四、加强海洋工程装备研发及产业化路径

加快海洋工程装备研发，研发突破重点海洋工程装备和新型海洋工程装备。加快研发重点发展海洋工程装备，重点推进物探船系列化研发、钻井船系列化研发、多功能海洋工程船系列化研发，以及深水半潜平台、浮式生产储卸装置等主力海洋工程装备的系列化研发；加快发展新型海洋工程装备，重点研发突破深吃水立柱式平台的设计建造技术、极地钻井平台的设计建造技术和浮式钻井生产储卸装置的设计建造技术、浮式液化天然气储存装置设计建造技术、海上试验场设计建造技术，建立规模化生产制造工艺体系，产品性能及可靠性达到国际先进水平。加强海洋工程装备关键配套系统研发及产业化，研究开发升降锁紧系统设计技术、深水锚泊系统设计技术、动力定位系统设计技术、水下钻井系统设计技术、柔性立管深海观测系统等关键配套设备设计技术，实现海洋工程装备研发成果工程化和产业化，促进海洋工程装备产业多元化协调发展。

第五节　本章小结

本章主要分析中国高端装备制造企业突破式技术创新的实现路径，具

体从企业微观、产业中观和政策宏观层面提出了实现高端装备制造业突破式技术创新的最优路径。首先，从企业微观层面分析了实现高端装备制造企业突破式技术创新的路径，提出高端装备制造企业自主研发原创路径和高端装备制造企业“引进吸收再创新”路径。其次，从产业中观层面分析高端装备制造产业集群实现高突破式技术创新的最优路径，分别提出了基于产业集群供应链的突破式技术创新路径、基于产业集群战略联盟的突破式技术创新路径和基于产业集群创新平台的突破式技术创新路径。再次，从政策宏观层面提出高端装备制造业突破式技术创新的最优路径，主要包括高端装备制造业技术市场化的政策路径、高端装备制造业研发协同机制的创新路径和高端装备制造业研发支持政策的创新路径。最后，提出高端装备制造细分行业的突破式技术创新路径，分别提出智能制造关键技术研发与产业化路径、航空核心技术研发与产业化路径、轨道交通关键技术集成路径、海洋工程装备研发及产业化路径。

第九章　推动中国高端装备制造业突破式技术创新的政策建议

基于理论和实证研究，立足中国高端装备制造业发展现状，结合《中国高端装备制造业十三五规划》和《中国制造2025》对高端装备制造业及其技术发展的要求，提出推动中国高端装备制造业突破式技术创新的对策建议。重点从创新政策、技术政策、财税政策、公共服务平台政策和人才政策五个方面提出具体政策建议，完善高端装备制造业产业技术创新链，提升高端装备制造企业的自主创新能力，推动高端装备制造企业自主创新。

第一节　科学制定创新政策措施

一、科学制定高端装备制造业创新规划

加强中国高端装备制造业技术创新顶层设计。政府部门组织制定“中国高端装备制造业技术创新专项计划”，并按细分行业分别制定航空装备业技术创新专项计划、卫星制造与应用业技术创新专项计划、轨道交通设备业技术创新专项计划、海洋工程装备业技术创新专项计划、智能制造装备业技术创新专项计划。依托国家高端装备制造业重点工程项目，组织实

施“中国高端装备制造业技术创新专项计划”，既满足国家高端装备制造业重点工程项目建设的需要，又推动中国装备制造业突破式技术创新，有力地促进中国装备制造业的快速持续发展。

二、加强高端装备行业创新的宏观调控

在促进高端装备制造业创新发展的同时，政府主管部门根据高端装备制造行业创新的发展现状，加强行业创新宏观调控，避免行业创新重复投资与建设。政府主管部门结合高端装备制造各行业的发展特点，一方面积极与高端装备制造行业企业沟通，加强对高端装备制造行业创新发展的规划引导，建立创新规划实施监督考核机制；另一方面及时根据市场情况，调整高端装备制造行业创新发展规划，确保中国高端装备制造行业创新发展规划的指导性、创新发展规划权威性和创新发展规划实效性。

三、引导完善产业创新战略联盟

加快高端装备制造业创新链建设，推动高端装备制造企业与上下游企业、研发机构组建完善产业创新战略联盟，实现创新优势互补，提高产业链的整体创新竞争力。鼓励跨地区、跨所有制创新企业的兼并与联合，提高创新专业化分工程度。加大对创新型企业的扶持力度，注重高端装备制造创新企业的培育，实施高端装备制造龙头创新企业的培育计划，发展一批创新竞争力强、主导产品优势突出的大型高端装备制造创新企业。同时，以这些龙头创新企业为基础，有针对性地进行产业链和创新链招商，加大对产业链和创新链上创新企业的政策支持力度，加快建立产业创新联动管理机制；以产业重大产品开发为契机，完善产学研战略联盟创新政策，提高产业整体创新能力。

四、加大政府对“首台套”的采购力度

政府部门制定相关政策，加大对高端装备制造业“首台套”产品的采购力度，在政府采购项目中优先购买国内高端装备制造产品，即政府采购首先购买国内高端装备制造企业研发生产的高端装备。同时，政府设立“首台套”用户风险金，创造国内高端装备制造产品的需求，鼓励高端装备制造企业使用国内研发生产的“首台套”装备，带动国内高端装备制造业的快速发展。对于国内急需尚不能提供的重点工程技术装备，积极利用国内市场需求优势，按照“联合设计，合作生产”的原则，通过对外招标采购形式，鼓励国内企业与外企联合研发设计与制造。政府在政策上采取鼓励措施，设立不同目的的专项基金，在政府采购项目中优先购买联合制造的高端装备制造产品。

第二节　加快实施技术创新支持政策

一、加大产业核心技术创新支持力度

发挥政府政策支持作用，加大对产业链上关键共性技术和核心共性技术的创新支持力度。由于高端装备制造产业核心共性技术是高端装备制造业技术创新链的攻关技术，其研发费用较大，较大程度上需要政府部门支持。首先，政府部门根据重点培育技术装备目录，建设共性技术研发平台和产业技术创新链，在共性技术研发创新链环节中，重点建设高端装备制造业的国家重点实验室、高端装备制造业的国家工程技术研究中心和高端装备制造行业的研究机构等。其次，制定高端装备制造业关键共性技术的研发计划，根据高端装备制造业技术创新链的技术需求，政府部门制定明

确的技术研发计划，并通过经费划拨委托专业科研机构和联盟进行研发，对影响高端装备制造业的关键共性技术实施攻关。最后，政府积极引导市场推广共性技术研发的成果，高端装备制造企业通过行业技术创新链在市场上应用关键共性技术成果，不仅降低了共性技术研发的风险与成本，而且推广了共性技术研发成果的应用。

二、加大创新型企业扶持力度

以高端装备制造重点企业产品开发为依托，加大对高端装备制造创新型企业的政策扶持力度，提升高端装备制造企业原创技术的研发能力，带动产业自主创新。政府加强对高端装备制造企业开发技术装备的政策引导，定期发布国内外经济发展对高端装备的需求信息，建立企业装备技术研发为主体的集成创新体系，为企业装备产品发展与装备技术研发提供依据和服务。政府部门加强对高端装备制造企业引进技术设备进行规范管理，根据中国高端装备制造发展的总体规划，一方面，根据行业企业创新发展的需求，选择引进一批行业技术领先的重大高端制造装备，进行逆向工程技术研发；另一方面，依托一批重点工程和重大装备项目建设，推进自主研发创新和合作研发，形成支持企业自主创新的政策体系，提高中国高端装备技术的自主创新程度。积极推进制度创新，制定法律法规，加大对企业核心技术的知识产权保护，限制核心技术扩散，建立并完善企业技术创新的知识产权保护机制，营造良好的创新氛围。

三、完善产学研合作创新政策

完善产学研合作创新政策，促进产学研合作联盟协同创新。加强高端装备制造企业与产学研联盟成员的沟通互动，通过产学研联盟合作研发，推动企业获取外部知识与知识共享。完善产学研合作创新制度，建立健全产学研联盟成员的利益分配和风险管理等制度，促进产学研合作联盟的知识流动和技术有偿应用，行业企业通过产学研合作联盟有效获取各种创新知识资源，有效提升企业技术创新能力。政府围绕高端装备制造业，引导创新资源集聚，优化创新资源的配置，为产业创新链建设提供良好的外部环境。积极发挥产业链和创新链的技术整合优势，高端装备制造企业积极与创新链上企业建立创新链合作关系，促进技术创新相关知识的共享，提升其自主研发与创新能力，推进高端装备制造企业技术创新。

第三节　完善技术创新财税政策

一、加强财政政策运用

建立完善以高端装备制造业技术创新与科研成果转化为中心的财政政策，积极调整高端装备制造业创新投入政策，引导机构和企业加大对关键共性技术研究等公共科技活动。政府相关部门通过加大国家财政投入和设立国债基金等方式，筹措资金支持高端装备制造业技术创新链建设，实施产业科技创新。政府部门制定和完善促进高端装备制造企业技术创新的财政政策，进一步加大对高端装备制造企业技术创新的财政补贴力度，丰富对高端装备制造业技术创新的补贴形式，推动高端装备制造业突破共性技术发展瓶颈。

二、深化金融政策支持

扩展融资渠道，深化金融支持，完善对高端制造业技术创新的金融服务政策。鼓励银行、基金、保险等金融机构为高端装备制造企业技术创新提供金融服务，引导各类金融机构加大对高端装备产业科技项目的信贷支持，通过发放政策性贷款、低息贷款或无息贷款形式，支持高端装备制造企业进行自主技术研发或联合创新研发攻关；通过为高端装备制造行业提供进出口信贷等形式，对高端装备制造业海外技术创新活动给予进出口信贷支持，推动高端装备制造业先进技术引进和产品出口，同时简化审批流程和经办程序。积极发挥多层次资本市场的融资功能，积极设立各类产业基金，引导各类基金和风险投资进入高端装备制造业技术创新领域，积极搭建多形式科技金融合作平台，支持产业技术创新链对高端装备制造业关键技术的自主研发与合作研发。

三、提高税收优惠幅度

进一步减免高端装备制造企业创新活动税收，吸引各类资金进入高端装备制造业的技术创新领域，缓解产业技术创新链的资金压力，减免税收有助于促进高端装备制造业技术创新。重点完善高端装备制造企业出口退税政策，提高高端装备制造企业产品出口的退税率，退还税款项用于高端装备制造企业的新产品研发，以及高端装备制造产业技术创新链的完善，进一步降低高端装备制造业技术创新链中技术设备进口的关税。完善高端装备制造企业内销退税政策，提高高端装备内销退税率，内销退税款专项用于改造高端装备制造业产业技术创新链；对于中国高端装备制造企业研发生产的高端装备及其功能部件，内销后实行增值税先征后返优惠，进一步鼓励中国高端装备制造企业进行技术创新。

第四节　优化产业创新公共服务平台

一、完善产业公共服务平台

政府部门积极完善产业公共服务平台，为高端装备制造产业技术创新提供全方位的技术服务。依据高端装备制造行业分布和布局，重点建立省级装备制造行业公共研发平台和公共服务示范平台，集中研发机构资源，组织实施产业前沿性技术研究、关键共性技术研发攻关、引进技术消化吸收、高端装备制造关键技术产业化等工作，同时鼓励行业企业建立自主创新体系。积极完善科技项目的投融资服务平台，发挥政府对风险投资的引导作用，积极吸引民间资本和外资参与科技项目研发和技术的产业化，为中国高端装备制造业产业技术创新提供多种技术服务和资金服务渠道。

二、健全产业科技服务平台

健全产业科技服务平台，政府鼓励高等院校和科研机构建立服务于高端装备制造业科技创新的服务平台，重点搭建技术交易所、科技评估机构、科技成果转化服务中心等科技中介服务平台，科技中介服务平台为高端装备制造业产业技术创新提供科研成果鉴定服务、科技成果转让服务、项目推介服务和专家咨询等科技服务，健全科研成果评估体系。同时，建立与之相应的组织制度、运行机制，积极推动高端装备制造企业创新经营模式和业务流程，大力发展与高端装备制造产品研发相关的技术服务、人员培训、咨询信息等生产性服务业。

三、建设科技创新平台

加强科技创新平台建设，为高端装备制造业技术创新发展提供平台支持。以骨干龙头企业为依托，加快形成创新要素资源集聚，打通一批产业链的关键环节和一批创新链的关键环节，形成一批创新能力较强的特色产业科技创新平台和科技资源共享平台，鼓励在龙头企业设立众创空间，在高等院所建设产业孵化器。围绕行业创新需求，加强产业科技创新平台、科技资源共享平台等与行业企业合作，促进行业企业吸收技术，满足其技术创新的知识需求，提高技术创新效率。积极发展为产学研提供服务的科技平台，深入产学研合作，形成协同创新网络，从而实现从研发到产业化的有效链接。

第五节　大力实施技术创新人才政策

高技术创新人才是高端装备制造业技术创新的重要前提和保障，大力实施技术创新人才政策，积极引进和培养高端装备的高层次技术人才，提升高端装备制造企业的自主研发能力。政府围绕高端装备制造业突破式技术创新，完善高层次人才的政策和制度，引导建设高端装备制造业创新人才队伍，加快高端装备制造业创新人才梯队建设。重点从高技术人才培养、高层次人才引进和高技能人才留住三个方面加强建设。首先，政府协调行业企业、高校院校和科研院所，构建一个完备的高端装备制造业高层次技术人才培养协作机制，通过加强创新型人才的定向培养，形成高端装备制造业创新的后备力量。其次，实施高端装备制造业创新人才专项引进政策，通过高端装备制造业重大项目建设，引进国外先进的行业领军人才或行业技术专项人才。再次，完善高端装备制造业创新人才的相关激励机制，营造良好的创新机制激励创新人才，提供良好的薪资待遇留住创新人才。最后，积极构建高端装备制造业人才培训平台和人才共享平台，政府联合中介服务机构，建立全员培训制度，通过合作培养等方式培养高端装备制造业专业技术人才，通过专题讲座等方式培训高端装备制造业管理人才；同时，通过人才共享平台形成集聚创新人才，为高端装备制造企业技术创新提供人才支持。

参 考 文 献

[1] 白嘉. 模块化产业组织、技术创新与产业升级 [M]. 北京：中国经济出版社，2013.

[2] 卜伟，王稼琼. 我国装备制造业自主创新与税收政策 [J]. 中央财经大学学报，2008 (3)：15－18.

[3] 陈爱贞，刘志彪. 决定我国装备制造业在全球价值链中地位的因素——基于各细分行业投入产出实证分析 [J]. 国际贸易问题，2011 (4)：115－125.

[4] 陈爱贞，刘志彪. 决定我国装备制造业在全球价值链中地位的因素—基于各细分行业投入产出实证分析 [J]. 国际贸易问题，2011 (4)：115－125.

[5] 陈爱贞. 全球竞争下装备制造业技术创新路径：基于分工网络视角分析 [J]. 南京大学学报，2013 (3)：13－24.

[6] 陈光普. 网络创新社区中顾客参与对新产品创意产出影响研究 [D]. 浙江理工大学硕士学位论文，2014.

[7] 陈劲. 从技术引进到自主创新的学习模式 [J]. 科研管理，1994 (2)：32－34.

[8] 陈劲. 突破性技术创新及其识别 [J]. 科技管理研究，2002 (5)：21－29.

[9] 陈立新. 现有企业的突破性技术创新决策过程研究 [J]. 企业活

力，2008（6）：24－25.

［10］陈立新. 现有企业突破性技术创新的惯性障碍及其超越机制研究［J］. 外国经济与管理，2008（7）：20－25.

［11］陈柳钦. 加快发展和振兴我国高端装备制造业［J］. 郑州航空工业管理学院学报，2011（4）：19－27.

［12］陈晓萍，徐淑英，樊景立. 组织与管理研究的实证方法［M］. 北京：北京大学出版社，2008.

［13］陈旭升，钟云. 高端装备制造业市场绩效影响研究［J］. 工业技术经济，2013（6）：25－32.

［14］陈勇兵、仉荣、曹亮. 中间品进口会促进企业生产率增长吗？——基于中国企业微观数据的分析［J］. 财贸经济，2012（3）.

［15］程鹏，柳卸林，陈傲，何郁冰. 基础研究与中国产业技术追赶——以高铁产业为案例［J］. 管理评论，2011（10）.

［16］程鹏，柳卸林. 对政府推进自主创新战略的一个评价［J］. 科学学与科学技术管理，2010（11）：19－26.

［17］储德银，张同斌. 自主研发、技术引进与高新技术产业成长［J］. 科研管理，2013，34（11）：53－60.

［18］楚明钦、陈启斐. 中间品进口、技术进步与出口升级［J］. 国际贸易问题，2013（6）.

［19］崔玮. 产品内分工对国际贸易的影响及我国分工地位研究［J］. 生产力研究，2009（21）.

［20］邓可斌，丁重. 中国为什么缺乏创造性破坏？——基于上市公司特质信息的经验证据［J］. 经济研究，2010（6）：6－78.

［21］邓亚玲，王朝全. 核心能力刚性对突破性技术创新的制约及其超越［J］. 现代管理科学，2006（11）：26－25，56.

［22］董洁林，李晶. 企业技术创新模式的形成及演化——基于华为、思科和朗讯模式的跨案例研究［J］. 科学学与科学技术管理，2010，3

(34): 3-12.

[23] 段婕，刘勇，王艳红. 基于DEA改进模型的装备制造业技术创新效率实证研究 [J]. 科技进步与对策，2012 (6): 65-69.

[24] 段小华，刘峰. 关于政府科技投入支持新兴产业的若干问题探讨 [J]. 太原科技，2009 (12): 21-23.

[25] 发展和改革委员会产业经济与技术经济研究所. 中国产业发展报告——培育战略性新兴产业的对策研究 [M]. 北京：经济管理出版社，2011: 129-131.

[26] 菲利普·阿吉翁. 政府与经济增长 [J]. 比较，2013 (4): 37-43.

[27] 弗朗索瓦·佩鲁. 新发展 [M]. 北京：华夏出版社，1987: 85.

[28] 符宁. 人力资本、研发强度与进口贸易技术溢出——基于我国吸收能力的实证研究 [J]. 世界经济研究，2007 (11).

[29] 傅家骥，全允桓，高建，雷家骕. 技术创新学 [M]. 北京：清华大学出版社，1998.

[30] 傅缨捷，丁一兵. 中间品进口与经济结构转型 [J]. 世界经济研究，2014 (4).

[31] 富江，朱金渭. 我国国有工业行业发展状况及其结构调整研究 [J]. 管理世界，1999 (6).

[32] 耿弘，孙学玉. 中国产业组织国际竞争力问题 [J]. 财经研究，2000 (1).

[33] 耿剑锋. 适应破坏性创新的企业组织结构研究 [J]. 商场现代化，2008 (9): 79-80.

[34] 辜胜阻，黄永明. 后危机时期中小企业转型升级之道 [J]. 统计与决策，2010 (1): 170-172.

[35] 郭春东. 企业技术创新模式选择与发展路径研究 [D]. 北京理工大学博士学位论文，2013.

［36］国务院. 国务院关于加快培育和发展战略性新兴产业的决定［J］. 中国科技产业，2010（10）：14－19.

［37］韩东旭. 产学研合作——提高装备制造业自主创新能力的有效途径［J］. 天津科技，2010（5）：61－62.

［38］何花. 珠三角基于企业突破性技术创新战略的新兴产业培育途径［J］. 科技管理研究，2010（3）：172－174.

［39］何炼成，李忠民. 发展经济学——中国经验［M］. 北京：高等教育出版社，2011：72－73.

［40］何施，黄科舫，吕鹏辉. 我国高端装备制造业关键材料科技成果计量分析［J］. 情报杂志，2013（2）：57－61.

［41］贺正楚，潘红玉，邓英，夏智伦. 中国高端装备制造业的技术创新能力［J］. 经济数学，2016，第 33 卷（4）：12－21.

［42］贺正楚，吴艳. 战略性新兴产业的评价与选择［J］. 科学学研究，2011（5）：678－683.

［43］洪俊杰，石丽静. 自主研发、地区制度差异与企业创新绩效——来自 371 家创新型企业的经验证据［J］. 科学学研究，2017，35（2）：310－320.

［44］黄凌云、杨雯. 外商直接投资技术溢出效应、吸收能力与经济增长［J］. 经济评论，2007（5）.

［45］黄鲁成等. 战略性新兴产业技术特性评价指标和标准［J］. 科学学与科学技术管理，2012（7）：103－108.

［46］霍徐强. 中国装备制造业业国际竞争力实证分析［J］. 商业经济，2010（3）：5－7.

［47］贾根良. 中国应该走一条什么样的技术追赶道路［J］. 求是，2014（6）：25－28.

［48］江积海. 知识传导、动态能力与后发企业成长研究——中兴通讯的案例研究［J］. 科研管理，2006（1）：100－106.

[49] 蒋国平，葛明慧．企业突破性技术创新的管理方法 [J]．经济与管理，2007 (10)：16－17.

[50] 蒋天颖，刘程军．长江三角洲区域创新与经济增长的耦合协调研究 [J]．地域研究与开发，2015，34 (6)：8－13.

[51] 金晔，江可申，姚山季．顾客参与新产品开发对企业技术创新能力的影响机理及案例研究：基于顾客知识转移的视角 [J]．科技管理研究，2014 (16)：12－17.

[52] 李碉，张雨婷，李佳．演化视角下区域科技资源共享平台集成服务模式研究 [J]．中国科技论坛，2017 (2)：51－57.

[53] 李光泗，徐翔．技术引进与地区经济收敛 [J]．经济学（季刊)，2008 (3)：983－996.

[54] 李金华．中国战略性新兴产业发展的若干思辨 [J]．财经问题研究，2011 (5)：3－10.

[55] 李晶，井崇任．促进高端装备制造业发展的财政税收政策研究 [J]．财经问题研究，2013 (4)：68－76.

[56] 李坤，于渤，李清均．"躯干国家制造"向"头脑国家制造"转型的路径选择——基于高端装备制造产业成长机制路径选择的视角 [Z]．哈尔滨工业大学管理学院，2013.

[57] 李良德，陈劲，莫昕玮．突破性技术创新管理模式研究 [J]．中外科技信息，2001 (11)：38－41.

[58] 李苗苗．创新环境要素对企业技术创新的影响研究 [D]．辽宁：大连理工大学，2013.

[59] 李平、苏文哲．对外直接投资与中国技术创新 [D]．山东理工大学硕士学位论文，2014.

[60] 李平、杨丽娜．人力资本跨国外流与汇款对技术创新影响 [J]．现代财经（天津财经大学学报)，2013 (2).

[61] 李小平、泸现祥、朱钟棣．国际贸易、技术进步和中国工业行

业的生产率增长［J］. 经济学（季刊），2008（2）.

［62］李小平，朱忠隶. 中国工业行业的全要素生产率测算——基于分行业面板数据的研究［J］. 管理世界，2005（4）：56－64.

［63］李小平、朱钟棣. 国际贸易、R&D溢出和生产率增长［J］. 经济研究，2006（2）.

［64］李杏. 外商直接投资技术外溢吸收能力影响因素研究——基于中国29个地区面板数据分析［J］. 国际贸易问题，2007（12）.

［65］李艳飞. 创新联盟互动机制、知识整合能力与创新绩效［J］. 科学管理研究，2016，34（3）：84－87.

［66］李玥，郭航，张雨婷. 知识整合视角下高端装备制造企业技术创新能力提升路径研究［J］. 科学管理研究，2018（1）：34－37.

［67］李正卫，池仁勇. 突破性技术创新的机会识别和风险管理研究［J］. 自然辩证法通讯，2009（3）：53－58.

［68］李正卫. 突破性技术创新的信息搜寻研究：基于信息源特征和组织重构视角［J］. 科学管理研究，2010（4）：11－14.

［69］［美］利奥尼德·赫维茨，斯坦利·瑞特. 经济机制设计［M］. 上海：格致出版社，上海三联书店，上海人民出版社，2009：2.

［70］梁启东，刘晋莉. 辽宁装备制造业发展研究［J］. 财经问题研究，2013（5）40－44.

［71］林本初，冯莹. 企业竞争力的一般理论及其定量分析［J］. 当代经济科学. 1999（11）.

［72］林敏，吴贵生，熊鸿儒. 技术轨道理论对后发者追赶的启示研究［J］. 中国科技论坛，2013（9）：13－19.

［73］凌峰，戚湧，朱婷婷. 战略性新兴产业创新要素供给体系与协同机制［J］. 科技进步与对策，2016，33（22）：56－63.

［74］刘跃，卜曲，彭春香. 中国区域技术创新能力与经济增长质量的关系［J］. 地域研究与开发，2016，35（3）：1－4.

[75] 刘志迎，陈青祥，徐毅. 众创的概念模型及其理论解析 [J]. 科学学与科学技术管理，2015，36 (02)：52-61.

[76] 柳百成. 提高装备制造业自主创新能力 [J]. 装备制造，2008 (1)：90-92.

[77] 柳卸林. 我国产业创新的成就与挑战 [J]. 中国软科学，2002 (12)：109-114.

[78] 娄岩，刘燕玲，黄鲁成. 基于专利分析的北京高端装备制造业对策研究 [J]. 科技管理研究，2012 (9)：39-43.

[79] 吕力，李倩，方竹青，乔辉. 众创、众创空间与创业过程 [J]. 科技创业，2015 (34)：14-15.

[80] 吕永权. 中国高端装备制造业发展问题研究 [J]. 经济与社会发展，2015 (3)：1-4.

[81] 马文聪，朱桂龙. 供应商和客户参与技术创新对创新绩效的影响 [J]. 科研管理，2013 (02)：19-25.

[82] 马晓云. 中国装备制造业自主创新路径选择 [J]. 宁夏大学学报，2010 (1)：178-181.

[83] 马文军，卜伟，易倩. 产业安全研究——理论、方法与实证 [M]. 北京：中国社会科学出版社，2018.

[84] 迈克尔·波特. 国家竞争优势 [M]. 李明轩等译. 北京：中信出版社，2012：87-116.

[85] 毛其淋. 进口贸易对我国技术创新能力提升的影响效应——基于动态面板数据 GMM 方法的经验分析 [J]. 财经科学，2010 (4).

[86] 毛其淋、许家云. 中间品贸易自由化、制度环境与生产率演化 [J]. 世界经济，2015 (6).

[87] 梅姝娥. 技术创新模式选择问题研究 [J]. 东南大学学报，2008 (10)：20-24.

[88] 彭灿. 突破性技术创新的资产基础与面向突破性技术创新的联

盟战略［J］. 研究与发展管理，2009（6）：85－90.

［89］彭灿. 突破性技术创新团队及其组建与管理研究［J］. 科学学研究，2008（4）：832－837.

［90］彭丽红. 中国企业国际竞争力水平及分析［J］. 管理世界，1999（1）.

［91］乔世政，"一带一路"背景下高端设备制造业的发展路径［J］. 宏观经济管理，2016（7）：68－74.

［92］秦远建，邵红玲. 论突破性技术创新和增量创新在企业技术创新中的作用［J］. 商场现代化，2008（9）：109.

［93］邱斌、杨帅、辛培江. FDI技术溢出渠道与中国制造业生产率增长研究：基于面板数据的分析［J］. 世界经济，2008（8）.

［94］任春华. 我国发展高端装备制造业存在的问题、成因与关键环节［J］. 学术交流，2012（5）：60－63.

［95］邵润堂，张华. 比较优势、竞争优势及国际竞争力［J］. 经济问题，1999（4）.

［96］邵天宇. 互联网思维下的商业模式创新路径研究［D］. 大连理工大学硕士学位论文，2014.

［97］宋之杰，赵桐. 京津冀协同发展下装备制造业产业升级研究［J］. 河北大学学报（哲学社会科学版），2016（3）：60－68.

［98］苏楠，吴贵生. 核心元件产业追赶问题研究——以我国数控系统产业发展为例［J］. 技术经济，2011（8）：1－6.

［99］孙婧. 企业吸收能力与技术创新关系实证研究［D］. 吉林大学博士学位论文，2013.

［100］唐娟，张耀珍. 顾客参与服务创新及其绩效影响——基于电信企业的实证研究［J］. 科技管理研究，2012（30）：130－136.

［101］唐铁球. 中国高端装备制造业分布特征与发展趋势［J］. 求是，2015（12）：10－14.

［102］田巍、余淼杰. 中间品贸易自由化和企业研发：基于中国数据的经验分析［J］. 世界经济，2014（6）.

［103］王大洲. 企业创新网络的进化机制分析［J］. 科学学研究，2006（24）：780－786.

［104］王福君，沈颂东. 美、日、韩三国装备制造业的比较及其启示［J］. 华中师范大学学报（人文社会科学版），2012（3）：38－46.

［105］王红领，李稻葵，冯俊新. FDI与自主研发：基于行业数据的经验研究［J］. 经济研究，2007（2）.

［106］王宏起，田莉，武建龙. 战略性新兴产业突破性技术创新路径研究［J］. 工业技术经济，2014（2）：87－94.

［107］王宏起，赵敏，王雪原等. 科技资源共享服务平台集成研究——以黑龙江省科技创新创业共享服务平台为例［M］. 北京：科学出版社，2013：96－99.

［108］王维薇. 全球生产网络背景下中间品进口与最终品出口的二元边际——基于微观视角的解释［J］. 世界经济研究，2015（10）.

［109］王向华，王明海，李小静. 战略性新兴产业上市公司创新绩效测度［J］. 江西社会科学，2015（6）：35－40.

［110］王晓宇，叶裕民. 东北装备制造业发展障碍分析［J］东北亚论坛 2008（3）：73－78.

［111］王新新. 战略性新兴产业发展规律及发展对策分析研究［J］. 科学管理研究，2011（8）：1－5.

［112］王永贵，司方来，姚山季. 顾客创新研究回顾、整合框架与展望［J］. 社会科学，2009，5（13）：59－65.

［113］王永少，霍国庆等. 战略性新兴产业的生命周期及其演化规律研究——基于英美主导产业回溯的案例研究［J］. 科学学研究，2014（11）：1630－1638.

［114］王宇. 企业网络、组织学习对技术创新的作用关系研究［D］.

吉林大学博士学位论文，2013.

[115] 王志玮，陈劲. 企业破坏性创新概念建构、辨析与测度研究[J]. 科学学与科学技术管理，2012 (33)：29-36.

[116] 魏江，王铜安，喻子达. 知识整合的实现途径研究——以海尔为例 [J]. 科研管理，2008 (3)：22-27.

[117] 魏江，朱海燕. 知识密集型服务业功能论：集群创新过程视角[J]. 科学学研究，2006 (3)：455-459.

[118] 魏瑜. 产业模式变革的新特点：核心竞争力优先 [J]. 国际经贸探索，2000 (1).

[119] 吴爱华，李天录. 突破性技术创新的市场环境与技术环境分析——以我国视频监控行业为例 [J]. 科技进步与对策，2008 (9)：7-10.

[120] 吴延兵. 自主研发、技术引进与生产率——基于中国地区工业的实证研究 [J]. 经济研究，2008 (8)：51-64.

[121] 武建龙，王宏起，陶微微. 高校专利技术产业化路径选择研究[J]. 管理学报，2012 (6)：884-889.

[122] 武永娜. 中国高端装备制造业发展研究 [D]. 辽宁大学硕士学位论文，2016.

[123] 肖利平，谢丹阳. 国外技术引进与本土创新增长：互补还是替代——基于异质吸收能力的视角 [J]. 中国工业经济，2016 (9)：75-92.

[124] 谢洪明，张霞蓉，程聪，陈盈. 网络关系强度、企业学习能力对技术创新的影响研究 [J]. 科研管理，2012 (2)：55-62.

[125] 谢建国、周露昭. 进口贸易、吸收能力与国际 R&D 技术溢出：中国省区面板数据的研究 [J]. 世界经济，2009 (9).

[126] 熊力治. 中间品进口与中国本土制造企业生产率——基于中国企业微观数据的实证研究 [J]. 宏观经济研究，2013 (3).

[127] 徐康宁. 产业集聚形成的来源 [M]. 北京：人民出版社，2006：73.

[128] 徐小钦. 重庆市装备制造业自主创新能力研究 [J]. 中国科技论坛, 2009 (11), 29-31.

[129] 许庆瑞. 研究发展与技术创新管理 [M]. 北京: 高等教育出版社, 2000: 1.

[130] 薛红志. 突破性技术创新、互补性资产与企业间的整合研究 [J]. 中国工业经济, 2006 (8): 102-106.

[131] 薛红志. 突破性技术创新、既有企业组织障碍与二次创业机制研究 [J]. 外国经济与管理, 2006 (7): 23-30.

[132] 薛红志, 张玉利. 互补性资产与既有企业突破性创新关系的研究 [J]. 科学学研究, 2007 (1): 178-183.

[133] 薛红志, 张玉利. 主导企业适应突破性技术创新的组织方法选择研究 [J]. 科学管理研究, 2006 (8): 6-9.

[134] 薛红志, 张玉利. 主导企业适应突破性技术创新的组织选择研究 [J]. 科学管理研究, 2006 (8): 6-9.

[135] 杨宏呈. 基于突破性创新视角的战略性新兴产业发展研究 [D]. 华中科技大学博士学位论文, 2003.

[136] 杨以文, 黄永春. 战略性新兴产业的赶超问题研究 [J]. 生产力研究. 2012 (2): 166-167.

[137] 姚山季, 王永贵. 顾客参与新产品开发对企业技术创新绩效的影响机制——基于B-B情境下的实证研究 [J]. 科学学与科学技术管理, 2011 (5): 35-41.

[138] 叶飞, 李怡娜, 张红. 供应链信息共享影响因素、信息共享程度与企业运营绩效关系研究 [J]. 管理学报, 2009 (6): 743-750.

[139] 伊迪丝·彭罗斯. 企业成长理论 [M]. 上海: 格致出版社, 上海三联书店, 上海人民出版社, 2010: 115-120.

[140] 余斌, 平新乔. "十三五"期间的中国经济增长 [J]. 改革, 2015 (1): 6-40.

[141] 余淼杰. 加工贸易、企业生产率和关税减免—来自中国产品面的证据 [J]. 经济学 (季刊), 2011 (4).

[142] 余淼杰. 中国的贸易自由化与制造业企业生产率 [J]. 经济研究, 2010 (12).

[143] 约瑟夫·熊彼特. 经济发展理论 [M]. 北京: 商务印书馆, 1991.

[144] 张凤, 何传启. 创新的内涵、外延及经济学意义 [J]. 世界科技与研究发展, 2002 (32): 92-101.

[145] 张红琪, 鲁若愚. 服务企业顾客参与对员工创新行为的影响研究 [J]. 科研管理, 2013 (34): 99-105.

[146] 张洪石, 陈劲, 付玉秀. 突破性技术创新跨越式发展之基础 [J]. 自然辩证法通讯, 2005 (1): 71.

[147] 张洪石, 陈劲. 突破性创新的组织模式研究 [J]. 科学学研究, 2005 (4): 565-571.

[148] 张洪石, 卢显文. 突破性技术创新和渐进性创新辨析 [J]. 科技进步与对策, 2005 (2): 164-166.

[149] 张洪石. 突破性技术创新动因与组织模式研究 [D]. 杭州: 浙江大学, 2005: 11.

[150] 张建华. 美国复兴制造业对中国贸易的影响 [J]. 国际商务研究. 2013 (1): 5-15.

[151] 张金昌. 用出口数据评价国际竞争力的方法研究 [J]. 经济管理 2001 (20): 17-25.

[152] 张军生, 范黎波. 我国机电产业国际竞争力的内生演进 [J]. 国际贸易问题, 2010 (10): 91-100.

[153] 张同斌, 高铁梅. 财政政策激励、高新技术产业发展与产业结构调整 [J]. 经济研究, 2012 (5).

[154] 张喜征. 网络环境下的技术创新 [J]. 华北电力大学学报,

2002 (2): 16-18.

[155] 张艳伟. 微信平台中信息共享行为的影响因素研究 [D]. 北京邮电大学硕士学位论文, 2015.

[156] 张翊、陈雯、骆时雨. 中间品进口对中国制造业全要素生产率的影响 [J]. 世界经济, 2015 (9).

[157] 张月. 基于吸收能力角度的我国进口贸易技术溢出效应研究 [D]. 南京农业大学硕士学位论文, 2010.

[158] 赵红, 王玲. 高端装备制造业产业链升级的路径选择 [J]. 沈阳工业大学学报, 2013 (4): 131-134.

[159] 赵伟、汪全力. 人力资本与技术溢出: 基于进口传导机制的实证研究 [J]. 中国软科学, 2006 (4).

[160] 赵云. 李静萍. 当代国际竞争力理论及其应用 [J]. 中国人民大学学报, 1998 (5).

[161] 中华人民共和国工业和信息化部. 高端装备制造业"十二五"发展规划 [Z]. 2012.

[162] 中华人民共和国工业和信息化部. 高端装备制造业"十三五"发展规划 [z]. 2016.

[163] 宗永建, 阎恬冬. 美国制造业回流的影响因素分析 [J]. 国际经济合作, 2014 (1): 53-55.

[164] Abernathy. W. J. Innovation: Mapping the Winds of Creative Destruction [J]. Research Policy, 1985. 14: 3-22.

[165] Abernathy. W. J. Patterns of Innovation in Technology [J]. Technology Review, 1978, 80 (7): 41-47.

[166] Achilladelis B. The dynamics of Technological Innovation: the Sector of Antibacterial Medicines [J]. Research Policy, 1993, 22 (4): 279-308.

[167] Adams, M. The PDMA Handbook of New Product Development [J]. London: John Wiley & Sons Inc., 2005.

[168] Aghion P. Endogenous Growth Theory [M]. Cambridge, M. A: MIT Press, 1998.

[169] Ahuja G. Lampert C M. Entrepreneurship in Large Corporations: a Longtudi-nal Study of How Established Firms Create Breakthrough Inventions [J]. Strategic Management Journal, 2001, 22 (6): 521 -543.

[170] Alam I, Perry C. ACustomer-Oriented New Service Development Process [J]. Journal of Services Marketing, 2002, 16 (6): 515 -534.

[171] Albert M, Avery D, McAllister P, Narin F. Direct Validation of Citation Counts as Indicators of Industrially Important Patents [J]. Research Policy, 1991, 20 (3): 251 -259.

[172] ALI A. Pioneering versus Incremental Innovation: Review and Research Propositions [J]. Journal of Product Innovation Management, 1994 (11): 46 -56.

[173] Amiti, M. and Konings. J. , 2007: Trade Liberalization, Intermediate Inputs and Productivity: Evidence from Indonesia [J]. The American Economic Review, Vol. 93, No. 4.

[174] Amsden A H, Chu W. Beyond Late Development: Taiwan's Upgrading Policies [M]. Cambridge, M. A. : MIT Press, 2003.

[175] Andersen B. The Hhunt for Shaped Growth Paths in Technological Innovation: a Patent Study [J]. Journal of Evolutionary Economics, 1999, 9 (4): 487 -526.

[176] Anderson P, Tushman M L. Technological Discontinuities and Dominant Designs: a Cyclical Model of Technological Change [J]. Administrative Science Quarterly, 1990, 35 (4): 604 -633.

[177] Andreas Herrmann, Oliver Gassmann, Ulrich Eisert. An Empirical Study of the Antecedents for Radical Product Innovations and Capabilities for Transforma-tion [J]. Journal of Engineering and Technology Management,

2007, 24 (3): 92 - 120.

[178] Annick Castiaux. Radical Innovation in Established Organizations: Being a Knowledge Predator [J]. Journal of Engineering and Technology Management, 2007, 24 (1): 36 - 52.

[179] Argyris C. Knowledge fo Raction: A Guide to Overcoming Barriers to Organ izational Chang e. SF: JossyBass, 1993.

[180] Arrow, K. J., The Economic Implications of Learning by Doing [J]. The Review of Economic Studies, 1962: No. 29.

[181] Attila V. Technological Innovation and Interfirm Cooperation: an Exploratory Analysis Using Survey Data from Manufacturing Firms in the Metropolitan Region of Vienna [J]. International Journal of Technology Management, 2002 (24): 724 - 742.

[182] A tuahene Gima K. Market Orientation and Innovation [J]. Journal of Business Reasearch, 1996, 35 (2): 93 - 103.

[183] Balassa B. Trade Liberalisation and Revealed Comparative Advantage [J]. Manchester School, 1965, 33 (2): 99 - 123.

[184] Bassi A, Tan Z, . Estimating the Impact of Investing in A Resource Efficient, Resilient Global Energy Intensive Manufacturing Industry [J]. Technological Forecasting & Social Change, 2012, 79 (1): 69 - 84.

[185] Baum J A C, Calabrese T, Silverman B S. Don't Go it alone: Alliance Network Composition and Start Ups Performance in Canadian Biotechnology [J]. Strategic Management Journal, 2000, 21 (3): 267 - 294.

[186] Beker W, Sinkula J. Learning Orientation and Product Innovation: Delving into the Organizations Black Box [J]. Journal of Market Focused Management, 2002, 5 (1): 5 - 23.

[187] BennerM, Tushm anM. Expoitation, Exploration, and Processm Anagem ent: The Productivity Dilemm a Revisited [J]. Academy of Manage-

ment Review, 2003, 28 (2): 238 -256.

[188] Bowe r J, Christensen C. Disruptive Technologies: Catching the Wave [J]. Harvard Business Review, 1995, 73 (1): 43 -53.

[189] Bragah, W. Technological Imports and Tech-nological Effort: An Analysis of Their Determinants in Brazilian Firms [J]. Journal of Industrial Economics, 1991, 39 (4): 421 -432.

[190] Cannon. The role of Knowledge Repositories in Technical Support Environments: Speed versus Learning in User Performance [J]. Journal of Management Information Systems, 1999, 22 (3): 159 -190.

[191] Carlota Perez. Technological Revolutions and Techno-economic Paradigms [J]. Cambridge Journal of Economics, 2010, 34 (1): 185 -202.

[192] Cavusgil, S. T., Calantone, R. J., Zhao, Y. Tacit Knowledge Transfer and Firm Innovation Capability [J]. Journal of Business & Industrial Marketing, 2003, 18 (1): 6 -21.

[193] Chandy, R. and Tellis, G. Organizing for Radical Product Innovation: The Overlooked Role of Willingness to Cannibalize [J]. Journal of Marketing Research, 1998, 35 (11): 474 -487.

[194] Chandy R. The Incumbent's Curse? Incumbency, Size and Radical Product Innovation [J]. Journal of Marketing, 2000, 64 (3): 1 -17.

[195] Chase RB. Where Does the Customer Fit in a Service Organization? [J]. Harvard Business Review, 1978, 56 (6): 137 -142.

[196] Chen, J. S. Russell C. and R. K. H. Ching. A Proposed Model of Organizational Absorptive Capacity and CRM Innovation Success. Proceedings of the 33rd Annual Meeting of the Decision Sciences Institute. San Diego, USA. 2002.

[197] Chesbrough, H. and D. J. Teece. When is Virtual Virtuous ? Organizing for Innovation [J]. Harvard Business Review, 1996, 74 (1): 65 -73.

[198] Choshal S, Tsai W. Social capital and value creation: The Role of

Intrafirm Networks [J]. Academy of Management Journal, 1998, 41 (4): 464 -476.

[199] Christensen C, Bower J. Customer Power, Strategic Investment and the Failure of Leading Firms [J]. Strateg ic Management Journal, 1996, 17 (3): 197 -281.

[200] Christensen C M. Overdorf M. Meeting the Challenge of Disruptive Change [J]. Harvard Business Review, 2000, 78 (3): 67 -76.

[201] Christensen C M, R S Rosenbloom. Explaining the Attackers Advantage: Technological Paradigms Organizational Dynamics and the Value Network [J]. Royal Economic Society, 1995, 24: 233 -257.

[202] Christensen C M. The Innovator's Dilemma: When New Technologies Cause Great Firms. to Fail [M]. Harvard Business School Press, Boston, 1997. 3 -28.

[203] Christina Schmickl, Alfred Kieser. How Much Do Specialists Have to Learn from Each Other When They Jointly Develop Radical Product Innovations? [J] Research Policy, 2008, 37 (6): 1148 -1163.

[204] Christopher Lett. User Involvement Competence for Radical Innovation [J]. Journal of Engineering and Technology Management, 2007, 24 (2): 53 -75.

[205] Claycomb C, . The Customer as a Productive Resource: A Pilot Study and Strategic Implications [J]. Journal of Business Strategies, 2001, 18 (1): 47 -68.

[206] Coe, D. and Helpman, E. , 1995: International R&D Spillover [J]. European Economic Review, Vol. 39, No. 5.

[207] Cohen, W. M. and Levinthal, D. A. , Absorptive Capacity: A New Perspective on Learning and Innovation [J]. Administrative Science Quarterly, 1990: Vol. 35.

[208] Connor T. Customer Led and Market Oriented: am Atter of Balance [J]. Strategic Management Journal, 1999, 20 (12): 1157 - 1163.

[209] Dahlin K B, Behrens D M. When is an Invention Really Radical? Defining and Measuring Technological Radicalness [J]. Research Policy, 2005, 34 (5): 717 - 737.

[210] Dahlin K, Taylor M, Fichman M. Today's Edisons or Weekend Hobbyists: Technical Merit and Success of Inventions by Independent Inventors [J]. Research Policy, 2004, 33 (8): 1167 - 1183.

[211] Daim T U, Rueda G, Martin H, Gerdsri P. Forecasting Emerging Technologies: Use of Bibliometrics and Patent Analysis [J]. Technological Forecasting and Social Change, 2006, 73 (4): 981 - 1012.

[212] Darr, E., Argote, L., Epple, D. The Acquisition, Transfer and Depreciation of Knowledge in Service Organizations: Productivity in Franchises [J]. Management Science, 1995, 41 (11): 1750 - 1762.

[213] Davies A. Life Cycle of a Complex Product System [J]. International Journal of Innovation Management, 1997 (3): 229 - 256.

[214] Deborah L. Kellogg, William E. Youngdahl, David E. Bowen. On the Rrelationship Between Customer Participation and Satisfaction: Two Frameworks [J]. International Journal of Service Industry Management, 1997, 8 (3): 206 - 219.

[215] Dewar R, . The Adoption of Radical and Incremental Innovations: An Empirical Analysis [J]. Management Science, 1986, 32 (11): 1422 - 1433.

[216] Dosi G. Technological Paradigms and Technological Trajectories [J]. Research Policy, 1982, 11 (3): 147 - 162.

[217] Eaton, J. and Kortum, S., Trade in Ideas: Patenting and Productivity in the OECD [J]. Journal of International Economics, 1996: Vol. 40.

[218] Elisa Giuliani. Upgrading in Global Value Chains: Lessons from Latin American Clusters [J]. World Development, 2005, 33 (4): 549 -573.

[219] Ettlie, J. E. Taking Charge of Manufacturing, San Francisco. CA: Jossey-Bass, 1988.

[220] Fang E. Customer Participation and the Trade-off Between New Product Innovativeness and Speed to Market [J]. Journal of Marketing, 2008, 72 (4): 90 -104.

[221] Fan P, Promoting Industrial Development through Technology Policy: Lessons from Japan and China [J]. Technology in Society, 2006, 28 (3): 303 -320.

[222] Feng, L., Li, Z. Y. and Swenson, D. L., The Connection Between Imported Intermediate Inputs and Exports: Evidence from Chinese Firms [J]. NBER Working Paper, 2012: No. 18260.

[223] Fleming L. Recombinant Uncertainty in Technological Search [J]. Management Science, 2001, 47 (1): 117 -132.

[224] Fornell, C. and Larcker, D. Evaluating Structure EquationModelswith Unobservable Variables and Measurement Error [J]. Journal of Marketing Research, 1981, 28 (2): 39 -50.

[225] Forsman H. Innovation Capacity and Innovation Development in Small Enterprises. A Comparison between the Manufacturing and service Sectors [J]. Research Policy, 2011, 40 (5): 739 -750.

[226] Foster R. Working the Curve: Assessing Technological Threats. Research Management, 1986, 29 (4): 17 -20.

[227] Funk J L. Components, Systems and Technological Discontinuities: Lessons from the IT sector [J]. Long Range Planning, 2008, 41 (5): 555 -573.

[228] Gardoni, Vernadat. An Investigation of Information Sharing and Seeking Behaviors in Online Investment Communities [J]. Computers in Human

Behavior, 2000, 2 (31): 1 –12.

[229] Gatignon H, Tushman M L, Smith W, Anderson P. A Structural Approach to Assessing Innovation: Construct Development of Innovation Locus Type and Characteristics [J]. Management Science, 2002, 48 (9): 1103 –1122.

[230] Giovannid. Technological Faradigm sand Technological Trajectories: A Suggested Interpretation of the Determiiaants and Directions of Technical Change [J]. Research Policy, 1982, 11 (3): 147 –149.

[231] Godoe Helg. Innovation Regimes, R&D and Radical Innovations in Telecommunications [J]. Research Policy, 2000, 29 (9): 1033 –1046.

[232] Goldberg, P., Trade Liberalization and New Imported Inputs [J]. American Economic Review, 2011: Vol. 99, No. 2.

[233] Golder P N, Shacham R. Findings Innovations'Origins: When, by Whom, and How Are Radical Innovations Developed? [J] Marketing Science, 2009, 28 (1): 166 –179.

[234] Grant, E., Gregory, M. Tacit Knowledge, the Life Cycle and International Manufacturing Transfer [J]. Tech nology Analysis and Strategic Management, 1997, 9 (2): 149 –161.

[235] Grant, R. Toward knowledge-based Theory of the Firm [J]. Strategic Management Journal, 1996, 17 (1): 109 –122.

[236] Grossman, G. M. and Helpman, E., Trade, Knowledge Spillovers and Growth [J]. European Economic Review, 1991: Vol. 35, No. 3.

[237] Gruner K E, Homburg C. Does Customer Interaction Enhance New Product Success [J]. Journal of Business Research, 2000, 49 (1): 1 –14.

[238] Gulati R, Puranam P. Renewal through Reorganization: the Value of Inconsistencies Between Formal and Informal Organization [J]. Organization Science, 2009, 20 (2): 422 –440.

[239] Han J, Kim N, Srivastava R. Market Orientation and Organization-

al Performance: As Innovation Amissing Link? [J] Journal of Marketing, 1998, 62 (4): 30-45.

[240] Hargadon A. How Breakthroughs Happen: the Surprising Truth About How Companies Innovate [M]. Boston: Harvard Business School Press, 2003.31-55.

[241] Harhoff D, Narin F, Scherer M, Vopel K. Citation Frequency and the Value of Patented Inventions [J]. Review of Economics and Statistics, 1999, 81 (3): 511-515.

[242] Helpman, E. and Krugman, P., Market Structure and Foreign Trade: Increasing Returns I Imperfect Competition and the International Economy [M]. Cambridge MA: MIT Press. 1985.

[243] HEnderson R, C lark K. Architectura l Innovation: The Reconfiguration of Existing Product Technologies and the Failure of Established Firms [J]. Administrative Science Quarterly, 1990, 35 (1): 9-30.

[244] Henderson R M, Clark K B. Architectural Innovation: the Reconfiguration of Existing Product Technologies and the Failure of Established Firms [J]. Administrative Science Quarterly, 1990, 35 (1): 9-30.

[245] Hewitt S. Strategic ReEngineering Small Firms Tactics in a Mature Industry [J]. Northern Ireland: Economic Research Centre and CAM Benchmarking Ltd, 2000: 284-296.

[246] Hienerth, C. User Community VS Producer Innovation Development Efficiency: A First Empirical Study [J]. Research Policy, 2013, 53 (2): 35-56.

[247] Hill, C. and Rothaermel, F. The Performance of Incumbent Firms in the Face of Radical. Technological Innovation [J]. Academy Management Review, 2003, 28 (2): 257-274.

[248] Hippel E. Sticky Information and the Locus of Problem Solving: Im-

plications for Innovation [J]. Management Science, 1994, 40 (40): 429 -439.

[249] Hiroyuki, K. and Joel, R., Does the Use of Imported Intermediate Increase Productivity? Plant Level Evidence [J]. Journal of Development Economics, 2008: Vol. 87, No. 1.

[250] Huether, David, M. and David R. J., Imputing and Interpreting Trade in Intermediate Goods and Services: AUSIllustration for the 1990s. National Association of Manufacturers and Syracuse University, 2001: No. 10.

[251] Hu Jing. An Empirical Study on Innovation Efficiency of Strategic Emerging Industry [J]. Information Technology Journal, 2014, 13: 548 -553.

[252] Hurley R, Hu lt G. Innovation, Market Orientation and Organizationa Learning: An Integration and Empirical Examination [J]. Journal of Marketing, 1998, 62 (3): 42 -54.

[253] ImS, Workm., an Market Orientation Creativity and New Product Performance in Hightechnology Firms [J]. Journal of Marketing, 2004, 68 (2): 114 -132.

[254] Irene Fafaliou, Michael L. Polemis. Competitiveness of the Euro Zone Manufacturing: A Panel Data Analysis [J]. International Advances in Economic Research, 2013, 19 (1): 45 -61.

[255] Jantunen, A., Knowledge Processing Capabilities and Innovative Performance: An Empirical Study [J]. European Journal of Innovation Management, 2005, 8 (3): 336 -349.

[256] Javques M. The Importance of R&D for Innovation: a Reassessment Using French Survey Data [J]. The Journal of Technology Transfer, 2004 (1): 19 -21.

[257] Joe TIDD, John, Bessant, Keith Pavitt. Managing Innovation: Integrating Technological, Market and Organizational Change [J]. Journal of Services Marketing, 2000, 16: 23 -31.

[258] John F R Harter. Differentiated Products with R&D [J]. the Journal of Industrial Economic Quarterly, 1993, 5: 9-21.

[259] Kaen Maru File, Ben B. Judd, Russ Alan Prince. Interactive Marketing: The Influence of Participation on Positive Word of Mouth and Referrals [J]. Journal of Services Marketing, 1992, 6 (4): 5-14.

[260] Kahneman D, Tversky A. Choices, Values and Frames [J]. American Psychologis, 1984, 39 (6): 341-350.

[261] Kaplan S, Trispas M. Thinking about Technology: Applying a Cognitive Lens to Technical Change [J]. Research Policy, 2008, 37 (5): 790-805.

[262] Kasahara, H. and Lapham, B., Productivity and The Decision to Import and Export: Theory and Evidence [J]. Journal of International Economics, 2013: Vol. 89.

[263] Kasahara, H. and Rodrigue, J., Does the Use of Imported Intermediates Increase Productivity? Plant-level Evidence [J]. Journal of Development Economics, 2008: Vol. 87, No. 1.

[264] Kaveri, Wiliam R. Hauk Jr. RCA Indices, Multinational Production and the Ricardian Trade Model [J]. International Economics and Economic Policy, 2015 (9): 1-25.

[265] Kazunobu, H., Tomohiro, M. and Fukunari, K., Globalization And Productivity: A Survey Of Firm Level Analysis [J]. Journal of Economic Surveys, Wiley Blackwell, 2012: Vol. 26, No. 2.

[266] Keller, W., Absorptive Capacity: On the Creation and Acquisition of Technology in Development [J]. Journal of Development Economics 1996: Vol. 49.

[267] Keller, W., International Technology Diffusion [J]. Journal of Economic Literature, 2004: Vol. 42, No. 3.

[268] Keun Lee. Chaisung Lim. Technological Regimes, Catching Up and

Leapfrogging: Findings from the Korean Industriest [J]. Research Policy, 2001, 30 (3): 459 -483.

[269] Kogut, B. & Zander, U. What Firms do? Coordination Identity and Learning [J]. Organization Science, 1996, 7 (5): 502 -518.

[270] KohliA, Jaw. A Measure of Market Orientation [J]. Journal of Marketing Research, 1993, 30 (4): 467 -477.

[271] Kokkos, A. Local Technological Capability and Productivity Spillovers from FDI in the Uruguayan Manufacturing Sector. Development Studies, 1996: No. 4.

[272] Krugman, P. R., Increasing Returns, Monopolistic Competition and International Trade [J]. Journal of International Economics, 1979: No. 4.

[273] Lagrosen S. Customer Involvement in New Product Development: A Relationship Marketing Perspective [J]. European Journal of Innovation Management, 2005, 8 (4): 424 -436.

[274] Lane Pand Lubatkin M. Relative Absorptive Capacity and Interorganizational Learning [J]. Strategic Management Journal, 1998, 19 (5): 461 -477.

[275] Lawton L. The impact of the Marketing Concept on New Product Planning [J]. Journal of Marketing, 1980, 44 (1): 19 -25.

[276] Lee J. Effects of Personal Control on Adoption of Self-Service Technology Innovations [J]. Journal of Services Marketing, 2002, 16: 553 -572.

[277] Lee J. Technology Imports and R&D Efforts of Korean Manufacturing Firms [J]. Journal of Development Economics, 1996, 50 (1): 197 -210.

[278] Lee K, Lim C. Technological Regimes, Catching up and Leapfrogging: Firms from Korean industries [J]. Research Policy, 2001, 30 (3): 459 -483.

[279] Leifer R, McDermott C, O'Connor G, et al. Radical Innovation: How Mature Companies Can Outsmart Up-starts [M]. Harvard Business School

Press, Boston, 2000. 55 –75.

[280] Lengnick-Hall C A. Customer Contributions to Quality: A different View of the Customer-Oriented Firm [J]. Academy of Management Review, 1996, 21 (3): 791 –824.

[281] Lettl C. User Involvement Competence for Radical Innovation [J]. Journal of Engineering and Technology Management, 2007, 24 (1): 53 –75.

[282] Levinsohn J. Testing the Imports-as-Market-Discipline Hypothesis [J]. Journal of International Economics,, 1993: Vol. 35, No. 1 –2.

[283] Lichtenberg, F. and Potterie, V. P. , International R&D Spillover: A Reexamin-ation, NBER Working Paper, 1996: No. 5688.

[284] Lin Jiang, Justin Tan, Marie Thursby. Incumbent Firm Invention in Emerging Fields: Evidence from the Semiconductor Industry [J]. Strategic Management Journal, 2011, 32 (1): 55 –75.

[285] L. Martin. Strategic Options and Value Decay in Technology Introduction Under Uncertainty: a System Dynamics Perspective on Dynamic Product Competition [J]. Paper Prepared for the Forum of the International Food and Agribusiness Management Association, 2000 (6): 25 –32.

[286] Lourdes M S. Application specific R&D Capabilities and the Advantage of Incumbents: Evidence from the Anticancer Drug Market [J]. Management Science, 2009, 8 (55): 1409 –1422.

[287] Lukas B. The Effect of Market Orientation on Product Innovation [J]. Journal of the Academy of Marketing Science, 2000, 28 (2): 239 –247.

[288] McDermott, O'Cnnor G C. Managing Radical Innovation: an Overview of Emergent Strategy Issues [J]. Journal of Product Innovation Management, 2002, 19 (6): 424 –438.

[289] McEvily B, Marcus A. Embedded Ties and the Acquisition of Competitive Capabilities [J]. Strategic Management Journal, 2005, 26 (11):

1033 – 1055.

[290] McGahan A, Silverman B. How does Innovative Activity Change as Industries Mature? [J]. International Journal of Industrial Organization, 2001, 19 (7): 1141 – 1160.

[291] Melitz, M. J. , The Impact of Trade on Intra-Industry Reallocations and Aggregate Industry Productivity. Econometrica, 2003: Vol. 71, No. 6.

[292] Milliken F J, Martins L. Searching for common threads: Understanding the Multiple Effects of Diversity in Organizational groups [J]. Academy of Management Journal, 1996, 21 (2): 402 – 433.

[293] Minbaeva, D. Knowledge Transfer, Subsidiary Absorptive Capacity and HRM [J]. Journal of International Business Studies, 2003, 34 (6): 586 – 599.

[294] Murat Bengisu T, Ramzi Nekhili. Forecasting Emerging Technologies with the Aid of Science and Technology Databases [J]. Technological Forecasting and Social Change, 2006, 73 (7): 835 – 844.

[295] Narver J, S later S. The Effect of a Market Orientation on Business Profitability [J]. Journal of Marketing, 1990, 54 (4): 20 – 35.

[296] Nelson R, Winter S. An Evolutionary Theory of Economic Change [M]. Cambridge, MA: Belknap Press, 1982. 132 – 133.

[297] Nemet G F. Demand Pull, Technology Push and Government Led Incentives for Nonincremental Technical Change [J]. Research Policy, 2009, 38 (5): 700 – 709.

[298] Nerkar A. Old is gold? the Value of Temporal Exploration in the Creation of New Knowledge [J]. Management Science, 2003, 49 (2): 211 – 229.

[299] Niels, H. And Robert, L. , Foreign Direct Investment, Finaneial DeveloPment and Eeonomie Growth [J]. The Journal of Development Studies, 2003: Vol. 40, No. l.

[300] Nijssena E J, Bas Hillebranda, Vermeulen P A M. Unraveling Willingness to Cannibalize: A Closer Look at the Barrier to Radical Innovation [J]. Technovation, 2005, 25 (12): 1400 - 1409.

[301] Nunnally J. Bernstein, I. H. Psychometric Theory. New York: McGraw-Hill, 1994.

[302] O'Connor, G. Market Learning and Radical Innovation: A Cross Case Comparison of Eight Radical Innovation Projects [J]. Journal of Product Innovation Management, 1998, 15 (2): 136 - 150.

[303] Ouimet, M., Landry, R., and Amara, N. Network Positions and Radical Innovation: A Social Network Analy-sis of the Quebec Optics and Photonics Clusters [J]. International Journal of Entrepreneurship and Innovation Management, 2007, 7 (2): 211 - 224.

[304] Parsons, C. R. and Nguyen, A. T., Import Variety and Productivity in Japan [J]. Economics Bulletin, 2009: Vol. 29, No. 3.

[305] Pierre-Richard Agenor. Competitiveness and External Trade Performance of the French Manufacturing Industry [J]. Weltwirtschaftliches Archiv, 1997, 133 (1): 103 - 133.

[306] Poel Ivd. The Transformation of Technological Regimes [J]. Research Policy, 2003, 32 (1): 49 - 68.

[307] Raija Koivisto, Nina Wessberg, Annele Eerola, et al. Integrating Future Oriented Technology Analysis and Risk Assessment Methodologies [J]. Technological Forecasting and Social Change, 2009, 76 (9): 1163 - 1176.

[308] Reinhard Haupt, Martin Kloyer and Marcus Lange. Patent Indicators for the Technology Life cycle Development [J]. Research Policy, 2007, 36 (2): 387 - 398.

[309] Reitzig M. What Determines Patent Value? Insights from the Semiconductor Industry [J]. Research Policy, 2003, 32 (1): 13 - 26.

[310] Resh C, Tellis G. The Incumbent'Scurse? Incumbency Size and Radical Product Innovation [J]. Journal of Marketing, 2000, 64 (1): 1-17.

[311] R Henderson. Architectural innovation: The Recon—figuration of Existing Product Technologies and the Failure of Established Firms [J]. Admimistrative Science Quarterly, 1990, 35: 9-30.

[312] Richard Leifer. Implementing Radical Innovation in Mature Firms: the Role of Hubs [J]. The Academy of Managemeng Executive, 2001, 15 (3): 102-114.

[313] Robert Van Den Hoed Sources of Radical Technological Innovation: the Emergence of Fuel Cell Technology in the Automotive Industry [J]. Journal of Cleaner Production, 2007, 15 (11): 1014-1021.

[314] Romer P M. Endogenous Technological Change [J]. Journal of Political Economy, 1990, 98 (5): 71-102.

[315] Romer, P. M., Increasing Returns and Long-run Growth [J]. Journal of Political Economy, 1986: Vol. 94.

[316] Rothaermel FT. Complementary Assets, Strategic Alliances and the Incumbent's Advantage: An Empirical Study of Industry and Firm Effects in the Biopharm Aceutical Industry [J]. Research Policy, 2001, 30: 1235-1251.

[317] Sanden, B. The Customer's Role in New Service Development [J]. Management Science, 2007, 57 (3): 46-59.

[318] Schor, A., Heterogeneous Productivity Response to Tariff Reduction: Evidence form Brazilian Manufacturing Firms [J]. Journal of Development Economics, 2004: Vol. 75, No. 2.

[319] Schumpeter J A. The Theory of Economic Development: An Inquiry into Profits, Capital, Credit, Interest, and the Business Cycle [M]. Cambridge, MA, Harvard University Press, Boston, 1934. 153-157.

[320] Shane S. Technological Opportunities and New Firm Creation [J].

Management Science, 2001, 47 (2): 205 - 220.

[321] Sinkula J. Market Information Processing and Organizational Learning [J]. Journal of Marketing, 1994, 58 (1): 35 - 45.

[322] Slater S, N arver J. Customer Led and Marke Toriented: Lets Not Confuse the Two [J]. Strateg ic Management Journal, 1998, 19 (10): 1001 - 1006.

[323] Solmaz Filiz Karabag, Christian Berggren. Antecedents of Firm Performance in Emerging Economies: Business Groups, Strategy, Industry Structure, and State Support [J]. Journal of Business Research, 2014, 67 (10): 2212 - 2223.

[324] Solow, R. M. A Contribution to The Theory of Economic Growth [J]. The Quarterly Journal of Economics, 1951, 70 (1): 65 - 94.

[325] Sood A, Tellis G J. Technological Evolution and Radical Innovation [J]. Journal of Marketing, 2005, 69 (3): 152 - 168.

[326] Souder. Customer Contributions to Quality: A Different View of The Customer Oriented Firm [J]. The Academy of Management Review, 2011, 21 (3): 791 - 824.

[327] Stata R. Organizational Learning: The Key to Management Innovation [J]. Sloan Management Review, 1989, 30 (3): 63 - 74.

[328] Stringer R. How to Manage Radical Innovation [J]. California Management Review, 2000, 42 (4): 70 - 88.

[329] Stuart T E. Inter-organizational Alliances and the Performance of Firms: a Study of Growth and Innovation Rates in a High-Technology Industry [J]. Strategic Management Journal, 2000, 21 (8): 267 - 294.

[330] Subramaniam, M. and Venkatraman, N. The Determinants of Transnational New Product Development Capability: Testing the Influence of Transferring and Deploying Tacit Overseas Knowledge [J]. Strategic Manage-

ment Journal, 2001, 22 (4): 359 -378.

[331] S. W. F. OMTA. Critical Success Factors for Entrepreneurial Innovation in the Dutch Glasshouse Industry [J]. Annual World Food and Agribusiness Forum, Symposium and Case Conference, 2005 (15): 25 -28.

[332] Teece D J, Gary Pisano, Amy Shuen. Dynamic Capabilities and Strategic Management [J]. Strategic Management Journal, 1997, 18 (7): 509 -533.

[333] Teece DJ. Profitingfrom Technological Innovation: Implications for Integration, Collaboration Licensing and the Failure of Established Firms [J]. Administrative Science Quarterly, 1990, 35: 9 -30.

[334] Tellis G J. Disruptive Technology or Visionary Leadership? [J]. Journal of Product Innovation Management, 2006, 23 (1): 34 -38.

[335] Tellis G J, Golder P N. First to Market, First to Fail? Real Causes of Enduring Market Leadership [J]. Sloan Management Review, 1996, 37 (2): 65 -75.

[336] Tirole J. The Theory of Industrial Organization [M]. Cambridge, MA, MIT Press, Boston, 1988. 390 -394.

[337] Topalova, P. and Khandelwal, A., Trade Liberalization and Firm Productivity: The Case of India [J]. Review of Economics and Statistics, 2011: Vol. 93, No. 3.

[338] Trajtenberg M. A Penny for Your Quotes: Patent Citations and the Value of Innovations [J]. RAND Journal of Economics, 1990, 21 (1): 172 -187.

[339] Tripsas M. Surviving Radical Technological Change Through Dynamic Capability [J]. Industrial and Corporate Change, 1997, 6 (2): 341 -377.

[340] Tripsas M. Technology, Identity and Inertia: Through the Lens of the Digital Photography Company [J]. Organization Science, 2009, 20 (2):

441 -460.

[341] Tripsas M. Unraveling the Process of Creative Destruction: Complementary Assets and Incumbent Survival in the Typesetter Industry [J]. Strategic Management Journal, 1997, 18 (S1): 119 -142.

[342] Tushman M. Ambidextrous Organizations: Managing Evolutionary and Revolutionary Change [J]. California Management Rev, 1996. 38 (4): 8 -30.

[343] Tushman M L, Anderson P. Technological Discontinuities and Organizational Environments [J]. Administrative Science Quarterly, 1986, 31 (3): 439 -465.

[344] Vadim K. Radical Innovation versus Incremental Innovation [M]. Boston: Harvard Business School Press, 2000: 35 -56.

[345] Valle, S. and Vá Zquez-Bustelo, Concurrent Engineering Performance: Incremental Versus Radical Innovation [J]. International Journal of Production Economics, 2009, 1 (1): 136 -148.

[346] Vazquez R, Santos M, Alvarez L. Market Orientation, Innovation and Competitive Strategies in Industrial Firms [J]. Journal of Strategic Marketing, 2001, 9 (1): 69 -90.

[347] Veryzer R. Discontinuous Innovation and the New Product Development Process [J]. Journal of Product Innovation Management, 2002 (15): 204 -221.

[348] Von Hippel E. Democratizing Innovation [M]. Cambridge, MA, MIT Press, Boston, 2005, 45 -63.

[349] Von Hippel E. The Age of the Consumer-Innovator [J]. MIT Sloan Management Review, 2011, 53 (1): 27 -35.

[350] Von Hippel. Lead users: A Source of Novel Product Concepts [J]. Management Science, 1986, 32 (7): 791 -805.

[351] Ward, Y. and Graves A. Through-life Management: The Provision of Integrated Customer Solutions by Aerospace Manufacturers. University of Bath School of Management Working Paper, 2005: 2 - 18.

[352] Wayne Powell, Gordon C, Machray J P. Polymorphism Revealed by Simple Sequence Repeats [J]. Trends in Plant Science, 1996, 1 (7): 215 - 222.

[353] Webster F. The Red is Covery of The Marketing Concept [J]. Business Horizaons, 1988, 31 (3): 29 - 39.

[354] Wilfred Schoenmakers, Geert duysters. the Technological Origins of Radical Inventions [J]. Research Policy, 2010, 39 (7): 1051 - 1059.

[355] Yamrcm, et a1. An Audit of Technological Innovation Capabilities in Chinese Firms: Some Empirical Findingsin Beijing, China [J]. Research Policy, 2004, 33 (12): 1123 - 1140.

[356] Zahra S, Nash S, Brickford D. Transforming Technological Pioneering into Competitive Advantage [J]. Academy of Management Executive, 1995, 9 (1): 17 - 31.

[357] Zhou K, Yim C, Tse D. The Effects of Strategic Orientations on Technology and Marketbased Breakthrough Innovations [J]. Journal of Marketing, 2005, 69 (2): 42 - 60.